MOCTEZUMA Y ATAHUALPA

Vida, pasión y muerte de dos gobernantes

EDUARDO MATOS MOCTEZUMA
Y LUIS MILLONES SANTA GADEA

MOCTEZUMA Y ATAHUALPA

Vida, pasión y muerte de dos gobernantes

TIEMPO DE MEMORIA
TUSQUETS EDITORES

Ilustración de portada: Raymundo Ríos Vázquez
Foto de Eduardo Matos Moctezuma: cortesía del autor
Foto de Luis Millones Santa Gadea: © Mario Colán
Diseño de la colección: Departamento de Arte y Diseño,
Área Editorial Grupo Planeta

Bajo el sello editorial TUSQUETS M.R.
Avenida Presidente Masarik núm. 111,
Piso 2, Polanco V Sección, Miguel Hidalgo
C.P. 11560, Ciudad de México
www.planetadelibros.com.mx

Primera edición en formato epub: abril de 2024
ISBN: 978-607-39-1238-9

Primera edición impresa en México: abril de 2024
ISBN: 978-607-39-1256-3

Impreso en los talleres de Impregráfica Digital S.A. de C.V.
Av. Coyoacán 100-D, Valle Norte, Benito Juárez
Ciudad de México, C.P. 03103
Impreso en México – *Printed in Mexico*

Palabras preliminares

La historia comparada de los dos imperios precolombinos de América ha sido siempre la ambición de los intelectuales, la tarea es tan tentadora como difícil. La estructura de ambos Estados es compleja y diferente, y la información arqueológica, histórica y etnológica siempre nos parecerá incompleta. Pero sigue siendo una deuda desde que Occidente llegó a estas tierras. Es una labor con la imperiosa necesidad de hacerla.

Nuestro trabajo es el resultado de dos vidas dedicadas a construir una síntesis que empuje a nuestros colegas y alumnos a perfeccionar su conocimiento. Que cada trabajo futuro sobre este tema sea mejor que los anteriores, para que los Estados de Tawantinsuyo y de la Triple Alianza se vean cada vez mejor reflejados en el pensamiento de sus descendientes.

Nos interesa que las naciones que fueron parte de los imperios recuerden, con veracidad y orgullo, el esfuerzo de sus antecesores y que su pasada existencia sea un llamado a su desarrollo. Quienes pertenecieron a estas civilizaciones alcanzaron un nivel de excelencia que ahora nos causa sorpresa, pero fueron hombres y mujeres como nosotros, que pusieron el empeño y la voluntad de lograr la calidad que los hizo sobresalir en el continente americano.

Reiteramos el llamado a las generaciones futuras, sigue siendo indispensable que el tema reaparezca en toda lección sobre cada uno de ellos, escuchemos la demanda y pongamos nuestro esfuerzo para cumplir con ella.

Los autores

Moctezuma Xocoyotzin

EDUARDO MATOS MOCTEZUMA

Preámbulo

Dedico estas páginas al gran poeta de América,
el nicaragüense Rubén Darío, quien en su libro
Prosas profanas escribió palabras memorables
en las que enaltece al indígena de nuestro
continente en las «Palabras liminares» y en
ellas alude a los dos personajes de los que
hablamos en este libro, Moctezuma
y Atahualpa, que dicen así:
«(Si hay poesía en nuestra América ella está
en las cosas viejas, en Palenke y Utatlán, en el
indio legendario, y el inca sensual y fino,
y en el gran Moctezuma de la silla de oro...)»
(Rubén Darío, 1896).

A lo largo de la historia encontramos personajes que fueron marcados por el infortunio. Moctezuma Xocoyotzin fue uno de ellos. Vivió momentos de grandeza y también de zozobra. Vio cómo su imperio se consolidaba, pero de igual manera fue testigo de la manera en que vino a menos. Tuvo el mando sobre miles y miles de súbditos tanto de su propio pueblo, el mexica, como de otros pueblos a los que subyugó por medio de las armas y les impuso un tributo oneroso. Padeció en carne propia ver cómo llegaba gente extraña que en un momento dado lo hicieron prisionero después de haberles brindado alojamiento en el palacio de su padre, Axayácatl. Antiguos augurios no eran portadores de buenas noticias, sino que, por el contrario, presagiaban el fin del imperio.

¿Cuáles eran estos augurios portadores de malas nuevas? Tanto el franciscano fray Bernardino de Sahagún como el cronista de Tlaxcala Diego Muñoz Camargo nos dan noticias de ellos. Tomemos las palabras del primero, ya que aquellos sucesos fantásticos le fueron narrados por indígenas informantes que bien conocían su historia y costumbres. El primer pronóstico que refiere es el de una llama resplandeciente que ilumina el cielo, lo que provocaba desasosiego entre la población y agrega: «cuando aparecía a la media noche toda la gente gritaba y se espantaba: todos sospechaban que era señal de un gran mal». El segundo augurio era que el templo de Totleco se incendió sin que pudiera ser apagado el fuego que acabó por consumirlo. El tercer fenómeno fue que cayó un rayo en el templo del dios del fuego, Xiuhtecutli, pese a que no existía razón alguna para que esto aconteciera. Otro fenómeno fue que aparecieron en el cielo tres estrellas que se desplazaban del poniente hacia el oriente echando centellas, a lo que comenta el fraile: «de que la gente las vio comenzaron a dar grita, y sonó grandísimo ruido en toda la comarca». La quinta señal fue que en el lago se levantaron grandes olas que arrasaron casas, lo que sorprendió, ya que no había fuerte viento que las produjera, lo que comenta Sahagún de esta manera: «fue grande espanto de todos por ver que sin aire se había embravecido de tal manera el agua». Otro pronóstico fue que por las noches se escuchaba gritar a una mujer: «¡Oh, hijos míos, ya nos perdimos!; algunas veces decía: ¡Oh, hijos míos, adónde os llevaré!». El séptimo pronóstico que aconteció fue que capturaron una grulla que fue llevada ante el *tlatoani* (palabra en lengua náhuatl que significa 'el que tiene la palabra') Moctezuma, ya que en la cabeza tenía un espejo circular en el que se podía ver el cielo y las estrellas, lo que lo espantó sobremanera. Al volver a asomarse observó que venía un tropel de gente armada en caballos. El tlatoani preguntó a sus agoreros el significado de aquel fenómeno, pero no pudieron contestar. El ave desapareció. El octavo y último fenómeno fue que aparecieron hombres monstruosos con dos cabezas que fueron llevados a la presencia de Moctezuma, pero una vez que los miraba, desaparecían (Sahagún, 1956).

Está por demás decir que la mayoría de los relatos son un tanto fantasiosos y nunca ocurrieron o, como sucede en muchas ocasiones, sólo hace falta que alguien haga correr la voz sobre tal o cual hecho para que el vulgo lo haga suyo y lo comente a todo aquel que se deje. Quizá lo del cometa pudo acaecer, pues bien sabemos que este fenómeno aparece en el cielo periódicamente y hasta es posible saber por medio de la moderna astronomía en qué momento volverá a regresar. El hecho es que aquellas profecías, reales o ficticias, no auguraban un final feliz para el imperio según el parecer de la gente.

Mientras tanto, el tlatoani Moctezuma en su palacio de la ciudad de Tenochtitlan recibía noticias poco alentadoras: se habían visto en la costa del actual Veracruz navíos con gente extraña. No era primera vez que esto ocurría, pues en 1517 y 1518 también llegaron a costas mesoamericanas barcos al mando de Francisco Hernández de Córdoba y al año siguiente de Juan de Grijalva. Moctezuma mostraba preocupación. Su semblante, siempre adusto —de ahí el nombre de «Moctezuma»—, no reflejaba alegría, sino angustia de lo que podría venir. Mientras tanto, los recién llegados al mando de Hernán Cortés desembarcan en 1519 y fundan la Villa Rica de la Vera Cruz. El primer paso estaba dado, vendrían muchos más…

I
Antecedentes históricos

Según señalan diversas crónicas antiguas, los mexicas o aztecas provenían de alguna región del norte de México que no se ha podido precisar. Estaban asentados en un lugar llamado Aztlán, 'lugar de la blancura' en lengua náhuatl. En la *Tira de la peregrinación,* pictografía del siglo XVI, el lugar está representado por un islote en medio de un lago y se aprecia el cerro de Culhuacán y dentro de él la cueva de donde salen los siete calpullis o barrios (Chicomoztoc) en un año «1-Técpatl», acompañados de los cuatro teomamas —o cargadores— portando, el primero de ellos, al dios Huitzilopochtli. Así lo relata el cronista Fernando Alvarado Tezozómoc en su *Crónica mexicáyotl*:

> El lugar de su morada tiene por nombre Aztlan, y por eso se les nombra aztecas; y tiene por segundo nombre el de Chicomóztoc, y sus nombres son estos de aztecas y mexicanos; y hoy día verdaderamente se les llama, se les nombra mexicanos; pero después vinieron aquí a tomar el nombre de tenochcas.
>
> Los mexicanos salieron de allá del lugar llamado Aztlan, el cual se halla en mitad del agua; de allí partieron para acá los que componían los siete «calpulli» (Alvarado Tezozómoc, 1975).

Suponen algunos investigadores que por entonces los mexicas estaban sometidos por los toltecas, grupo que tenía su capital en la ciudad de Tula, hoy estado de Hidalgo. Los relatos indican cómo, guiados por Huitzilopochtli, van a emprender un largo recorrido durante el cual se van deteniendo en diversos lugares por varios años hasta que, finalmente, llegan a las inmediaciones del lago de Texcoco, en el Valle de México, y ocupan el cerro de Chapultepec. Así lo relata el fraile dominico Diego Durán:

> Los mexicanos vinieron adentrándose poco á poco á tierras y términos de los tepanecas, que eran los de Azcaputzalco y Tacuba y Cuyoacan, gente ilustre, y que en aquella era reinaba y tenía mando sobre todas las demás naciones, y vinieron á parar á un cerro que se dice Chapultepec, donde no con poco temor y sobresalto asentaron su real é hicieron sus chozas y bohíos, y fortaleciéndose lo mejor que pudieron (Durán, 1951).

Allí van a permanecer por cerca de 20 años, según el cronista Chimalpahin, y hasta 40 o más años, conforme lo relatan otras fuentes históricas, y entran en conflicto con pueblos vecinos, principalmente tepanecas (Matos, 2021a). Finalmente, después de varias peripecias, tienen que abandonar el lugar y comienzan a recorrer los alrededores del lago hasta llegar a un paraje en donde van a encontrar las señales que su dios Huitzilopochtli les ha indicado para fundar su ciudad. La fundación de la ciudad mexica va a ocurrir hacia el año 1325 d. C., conforme a lo que señalan varias crónicas, aunque hay otras fechas que discrepan de la anterior. ¿Cuáles son las señales que les ha indicado su dios? Podemos dividirlas en dos: el primer día observan las mismas señales que años atrás los toltecas habían visto al llegar a la ciudad sagrada de Cholula. Así lo relata fray Diego Durán:

> Lo primero que hallaron fue una sabina blanca, blanca toda, muy hermosa, al pie de la cual salía aquella fuente. Lo segundo que vieron, fueron que todos los sauces que aquella fuente alrededor tenía, eran blancos, sin tener una sola hoja verde: todas las cañas de aquel sitio eran blancas y todas las espadañas de alrededor. Empezaron a salir del agua ranas todas blancas y pescado todo blanco, y entre ellos algunas culebras del agua, todas blancas y vistosas. Salía esta agua de entre dos peñas grandes, la cual salía tan clara y linda que daba sumo contento. Los sacerdotes y viejos, acordándose de lo que su dios les había dicho, empezaron a llorar de gozo y alegría, y a hacer grandes extremos de placer y alegría, diciendo: «Ya hemos hallado el lugar que nos ha sido prometido [...]» (Durán, 1951).

Otras fuentes históricas coinciden en resaltar lo relacionado con la blancura, como es el caso de Alvarado Tezozómoc, quien en su *Crónica mexicáyotl*, escrita a finales del siglo XVI y principios del XVII, comenta: «Inmediatamente vieron el ahuehuete, el sauce blanco que se alza allí, y la caña y el junco blanco, y la rana y el pez blancos, y la culebra blanca del agua [...]» (Alvarado Tezozómoc, 1975).

El color blanco es un símbolo importante y vemos cómo al hacer énfasis en él, el mexica está haciendo suyas las señales de los toltecas, en quienes veían un parámetro de grandeza humana. Era la manera de relacionarse con aquel pueblo.

Al siguiente día van a encontrar las señales propias del mexica. Seguimos leyendo en Durán:

> Andando de una parte en otra devisaron el tunal, y encima de él el águila con las alas extendidas hacia los rayos del sol, tomando el calor de él y el frescor de la mañana, y en las uñas tenía un pájaro muy galano de plumas muy preciadas y resplandecientes. Ellos, como la vieron, humilláronsele casi haciéndole reverencia como a cosa divina. El águila, como los vido, se les humilló bajando la cabeza a todas partes adonde ellos estaban. Ellos viendo humillar al águila y que ya habían visto lo que deseaban, empezaron a llorar y a hacer grandes extremos y ceremonias y visajes y meneos en señal de alegría [...] (Durán, 1951).

Por su parte, Alvarado Tezozómoc lo menciona de esta manera: «Pues ahí estará nuestro poblado, México Tenochtitlan, el lugar en que grita el águila, se despliega y come, el lugar en que nada el pez, el lugar en que es desgarrada la serpiente, México Tenochtitlan, y acaecerán muchas cosas [...]» (Alvarado Tezozómoc, 1975).

Aquí es necesario explicar que el águila representa a su dios Huitzilopochtli, deidad solar y de la guerra, que encuentran parada sobre el nopal o tunal en medio del lago de Texcoco, sitio en que habrán de erigir su ciudad en el año de 1325. Ahora bien, ¿cuáles son las indicaciones para que esto sucediera? Huitzilopochtli, una vez más, se dirige a los mexicas para decirles que lo primero que deben hacer es una ermita en su honor, la cual construyen con materiales sencillos en los islotes del lago y de inmediato menciona las características que debe tener la naciente ciudad. Leemos en Durán:

> [...] día la congregación mexicana que se dividan los señores cada uno con sus parientes, amigos y allegados en cuatro barrios principales, tomando en medio la casa que para mi descanso habéis edificado; y que cada parcialidad edifique en su barrio a su voluntad [...] Después de divididos los mexicanos en estos cuatro lugares, mandoles su dios que repartiesen entre sí los dioses y que cada barrio nombrase y señalase barrios particulares donde aquellos dioses fuesen reverenciados; y así cada barrio de estos se dividió en muchos barrios pequeños conforme al número de los ídolos que ellos llaman Calpulteona, que quiere decir dios del barrio (Durán, 1951).

Nuevamente volvemos a citar a Alvarado Tezozómoc, quien sobre el particular relata: «Nuevamente, por la noche, ordenó Huitzilopochtli; habló y dijo: "¡Oye, Cuautlequetzqui: Asentáos, repartíos, fundad señoríos por los cuatro ámbitos de la tierra", y de inmediato le obedecieron los mexicanos y se establecieron los cuatro ámbitos de la tierra» (Alvarado Tezozómoc, 1975).

Los cuatro barrios mayores de la ciudad de Tenochtitlan eran Moyotlan, Teopan, Cuepopan y Atzacualco. Es importante comentar que la ciudad es una representación de la idea que los mexicas tenían del universo, el cual estaba dividido en cuatro rumbos coincidentes con los puntos cardinales. De la ciudad de Tenochtitlan partían cuatro calzadas que así lo indicaban: por el norte la de Tepeyac; por el sur la de Iztapalapa; al poniente la de Tacuba y al oriente una de menor extensión. Con el establecimiento del templo a su dios, se crea el espacio sagrado de la ciudad con la gran plaza que contiene 78 edificios (según lo indica fray Bernardino de Sahagún), circundada por una plataforma con cuatro accesos que llevaban a las calzadas mencionadas. En el centro se encontraba el Templo Mayor o Huey Teocalli, con su fachada principal viendo hacia el oeste. En la parte externa de la plaza se encontraban las casas de los nobles, incluido el palacio del gobernante máximo o tlatoani, así como los barrios mencionados en donde se encontraban las casas de la mayoría de la población. Al ser una ciudad lacustre, el principal medio de transporte interno de la misma, así como con otras ciudades ribereñas, era por medio de canoas muy estrechas hechas de madera, que transitaban a través de los muchos canales de la urbe. Tenochtitlan se abastecía de agua potable que venía por dos canales que la traían desde los manantiales que brotaban al pie del cerro de Chapultepec, ya mencionado.

Pocos años después de haber fundado Tenochtitlan, en el año de 1337, un grupo disidente va a decidir separarse del grupo para establecer otra ciudad vecina de la ciudad tenochca. Se desplazan un poco más al norte y crean la ciudad de Tlatelolco, comenzando su propio desarrollo y eligen a sus mandatarios. Para ello, acuden con el señor de Azcapotzalco con el fin de solicitarle alguno de sus hijos para que guíe los destinos de Tlatelolco. Se designa a Cuacuahpitzáhuac, del linaje tepaneca, como tlatoani de la nueva ciudad. A partir de aquel momento siempre va a existir una rivalidad entre ambos centros mexicas, rivalidad que terminará cuando en 1473 Axayácatl, tlatoani de Tenochtitlan, entabla guerra contra Tlatelolco venciendo a su último gobernante, Moquíhuix. Es así como la próspera ciudad de Tlatelolco, que había destacado como centro comercial con un mercado en donde se intercambiaban una enorme cantidad de productos, va a ser controlada por Tenochtitlan.

Todo lo que hemos relatado en cuanto al asentamiento de los mexicas está, como hemos visto, pleno de aspectos simbólicos, destacando entre ellos el de que la fundación se lleva a cabo por indicaciones de su dios Huitzilopochtli en el lugar donde encuentran el águila parada sobre el nopal. La verdad es otra. Diversas fuentes escritas y códices nos dicen cómo, en realidad, los mexicas llegan a las inmediaciones del lago, en un territorio que estaba bajo el control del señor de Azcapotzalco de nombre Tezozómoc, quien tenía el control militar y político de buena parte del Valle de México. El gobernante va a permitir que los mexicas ocupen los islotes en medio del lago con la condición de que entreguen un tributo al señorío de Azcapotzalco y lo ayuden en sus guerras como mercenarios. Esta situación va a durar muchos años hasta que, en el año de 1428, en alianza con las ciudades de Texcoco y Tacuba, se van a rebelar en contra de los tepanecas de Azcapotzalco. Gobernaba en ese momento Izcóatl en Tenochtitlan, y logran alcanzar el triunfo sobre quienes los tenían sometidos y a partir de entonces se crea la llamada Triple Alianza entre las tres ciudades de Tenochtitlan, Texcoco y Tacuba, la que habrá de emprender campañas militares por medio de las cuales van a someter a un buen número de poblaciones que de esta manera quedan bajo el control político y militar de la Triple Alianza, teniendo que entregar un tributo periódicamente a la misma.

Viene a cuento señalar que la economía mexica estaba basada fundamentalmente en tres aspectos: la agricultura, la guerra y el comercio. Las dos primeras eran fundamentales y vemos cómo en el panteón mexica tenían presencia buen número de deidades relacionadas con la producción agrícola y con la guerra. Era el caso de Tláloc, dios de la lluvia, que ocupaba un lugar en la parte alta del Templo Mayor junto al dios de la guerra, Huitzilopochtli, lo que respondía a las dos necesidades esenciales de este pueblo: la producción agrícola y la guerra ya que, como hemos visto, ésta tenía una importancia como medio para abastecerse por medio del tributo que se imponía a los pueblos conquistados, quienes tenían que entregar productos diversos a la Triple Alianza. Por otra parte, debemos comentar que la sociedad estaba dividida en dos grandes grupos sociales: los *pillis* o nobles, y los macehuales o población en general.

Pero ¿quiénes eran los gobernantes que tuvieron el mando en Tenochtitlan desde el instante en que fundan su ciudad, logran su independencia del yugo tepaneca y llegan a expandir el territorio hasta la llegada de los españoles en 1519? De eso hablaremos a continuación.

El linaje de Tenochtitlan

Desde que salen de la legendaria Aztlán los mexicas van a tener personajes que están al frente del grupo y así ocurre también a lo largo de su largo peregrinar. Sin embargo, al fundar Tenochtitlan se va a definir el linaje que desde aquel momento y hasta la llegada de los españoles en el siglo XVI va a gobernar la ciudad. Recordemos que había ocurrido una escisión entre los mexicas cuando, hacia 1337, un grupo decide separarse y establece la ciudad de Tlatelolco, que queda como vecina de Tenochtitlan y nombran a sus propios gobernantes. Es interesante observar que mientras los de esta última ciudad solicitan al señor de Culhuacan que designe a un dirigente, los de Tlatelolco acuden a Azcapotzalco con el mismo fin. Es así como el primer nombramiento como tlatoani de Tenochtitlan va a recaer en Acamapichtli, en tanto que en Tlatelolco comienza a gobernar el ya mencionado Cuacuapitzáhuac. Es importante advertir que la línea sucesoria para ocupar el cargo máximo de tlatoani no necesariamente tenía que ser de padre a hijo, como sucedía en las Coronas europeas, sino que se elegía a alguien de la dinastía real que hubiera sobresalido por su religiosidad y por sus hazañas guerreras, por lo que el mando podía recaer en un hijo, un sobrino, un hermano, etcétera. Haremos breve relación de los tlatoanis de Tenochtitlan y Tlatelolco desde el momento en que asumen el mando y algunos de los logros que alcanzaron durante su reinado.

Acamapichtli (1375-1395 d. C.)

Proveniente de Culhuacan, este tlatoani será el primer gobernante de Tenochtitlan y señalan las fuentes históricas que durante su mandato el señor de Azcapotzalco ordenó que se les impusieran a los mexicas más tributos de los que ya de por sí entregaban a su ciudad, lo cual provocó desasosiego entre la población tenochca. Al estar sujetos al poder tepaneca se vieron obligados a cumplir con lo requerido, lo cual hicieron cabalmente. Se dice que bajo su gobierno la ciudad logró ciertas mejoras. Algo importante es que su primera esposa no pudo tener hijos, por lo que el tlatoani tuvo relaciones con varias mujeres y entre ellas una que parió a un varón al que se le llamó Itzcóatl, quien años más tarde accedería al trono de la ciudad, como en su momento veremos.

La muerte de Acamapichtli sucedió hacia el año 1395. Las siguientes palabras del dominico Durán son claras en cuanto al afecto que el tlatoani se había ganado de parte de la población y las últimas disposiciones que dejó el mandatario:

> [...] dio fin a sus días, dejando la ciudad muy triste, desconsolada con su muerte, por haber sido muy querido y amado de todos sus vasallos; y así al punto de su muerte llamó a todos los grandes y les hizo una larga y prolija plática, encomendándoles las cosas de la república y á sus hijos y mujeres, no señalando a ninguno dellos por heredero, sino que la república eligiese dellos ó de otros los que quisiesen, para que los gobernase; y que en esto quería dejar libertad, mostrando gran pesar de no haber

podido poner la ciudad en libertad de la sujeción y tributo en que á Azcapotzalco estaba sujeta (Durán, 1951).

Huitzilíhuitl (1396-1417 d. C.)

Reunidos los consejeros y escuchando el parecer de los dirigentes de los cuatro barrios de Tenochtitlan se procedió a elegir tlatoani, lo cual recayó en un hijo de Acamapichtli, de nombre Huitzilíhuitl. Es interesante cómo al ser electo se le dirigen palabras que le recuerdan que están sujetos a Azcapotzalco:

> [...] bien sabéis el sobresalto en que vivimos y trabajos, por estar en tierra y términos ajenos, por lo cual somos tributarios de los de Azcaputzalco: dígotelo y tráigotelo á la memoria, no porque entienda que lo ignoras, sino porque cobres nuevo ánimo y no pienses que entrar a este lugar a descansar, sino á trabajar: por tanto, señor, bien ves que no tenemos otra cosa que te ofrecer ni con que te regalar; bien sabes con cuánta miseria y pobreza reinó tu padre, llevándolo y sufriéndolo con gran ánimo y cordura (Durán, 1951).

Huitzilíhuitl tomó por esposa a una hija del señor Tezozómoc de Azcapotzalco, de nombre Ayahucíhuatl, de la cual tuvo un hijo al que se le puso el nombre de Chimalpopoca. Ella intercedió ante su padre para que aligerara el tributo que el mexica tenía que pagar a Azcapotzalco y algo se logró, pero no fue bien visto por parte de la nobleza tepaneca. Huitzilíhuitl destacó durante su mandato por poner atención en crear leyes y por el culto a sus dioses, pues como bien señala Durán en esto último se esmeraban los señores, ya que «teniendo ellos por semejanza suya y teniendo que la honra que se hacía á los dioses se hacia á ellos; y así por cosa muy señalada é importante tenían entre las otras cosas el aumento de su templo y el culto de su dios y el desear la libertad de su República [...]» (Durán, 1951).

Aquí vemos cómo los tlatoanis tenían preocupación por los dioses y de ahí la necesidad de agrandar el templo principal a ellos dedicado, lo que hemos podido constatar por medio de las excavaciones arqueológicas emprendidas en el lugar. Otro aspecto interesante es cómo el tlatoani era considerado como dios, además de tener presente lograr la libertad de su pueblo, tarea a la que se dio Huitzilíhuitl al tratar de atraer a otros señoríos para alcanzar este fin.

Mientras tanto, en la vecina ciudad de Tlatelolco Cuacuapitzáhuac tenía el mando y aunque hay discrepancias en las fechas, al parecer fue contemporáneo de Acamapichtli y de Huitzilíhuitl, pues gobernó entre 1375 y 1418 aproximadamente. Era hijo del señor Tezozómoc de Azcapotzalco y durante su gobierno se inició el comercio que caracterizaría a Tlatelolco, aunque fray Bernardino de Sahagún señala que en un principio éste se limitaba a «plumas de papagayos, unas coloradas que se llaman quetzalli, otras azules que se llaman cuitlatexotli y otras coloradas como grana que se llaman chamulli; estas tres cosas eran todo su trato» (Sahagún, 1956).

Murió Huitzilíhuitl hacia 1417 y en su lugar fue electo Chimalpopoca, su hijo, y nieto del señor de Azcapotzalco, a la edad de diez u once años, teniendo un final poco feliz como a continuación se comentará.

Chimalpopoca (1417-1427 d. C.)

A temprana edad comenzó a regir el destino de Tenochtitlan Chimalpopoca, y su consejo le propuso que solicitara a su abuelo Tezozómoc que les permitiese hacer un ducto por medio del cual traer agua potable desde Chapultepec a su ciudad, lo cual les fue concedido. Pusieron manos a la obra, pero volvieron a solicitar a los de Azcapotzalco que los ayudasen en esta empresa. Reunidos los señores tepanecas, no estuvieron de acuerdo con tal petición y, por el contrario, urdieron un plan para deshacerse de Chimalpopoca, que si bien era de linaje tepaneca por vía materna, su consejo lo asesoraba mal. Todo acabó con el asesinato del tlatoani mexica, lo que motivó que se eligiera a un nuevo gobernante. En esta ocasión y dadas las circunstancias, se nombró a Itzcóatl, que como dijimos era hijo de Acamapichtli, primer tlatoani de Tenochtitlan. Para esto, los señores de las ciudades tepanecas de Azcapotzalco, Coyoacán y Tacuba habían padecido la muerte de Tezozómoc, quien por muchos años había tenido el mando sobre la primera de estas ciudades. Estos señores tomaron la determinación de poner guardias en los caminos que conducían a la ciudad tenochca, con lo cual la rivalidad entre los sometidos mexicas y los tepanecas se agravó peligrosamente.

Por aquel entonces, en Tlatelolco el tlatoani era Tlacatéotl, quien asumió el mando hacia 1418, hasta 1428.

Amplió el carácter comercial de la ciudad y según el franciscano Sahagún se comerció con piedras verdes o chalchihuites y mantas de henequén. Tlacatéotl, hijo del anterior mandatario tlatelolca, murió por causas un tanto extrañas y en su lugar fue promovido Cuauhtlatoa, nieto de su antecesor.

Itzcóatl (1427-1440 d. C.)

Este tlatoani va a alcanzar lo que no habían logrado sus antecesores: libertar a Tenochtitlan del yugo de los tepanecas de Azcapotzalco. Para ello los mexicas se prepararon y pronto tuvieron el apoyo de otras dos ciudades: Texcoco y Tacuba. La guerra se inició y finalmente los mexicas alcanzaron la victoria sobre sus opresores y arrasaron la ciudad de Azcapotzalco sometiendo a la población que desde aquel instante pasó a ser tributaria de Tenochtitlan. Son elocuentes las palabras de Durán al respecto:

> Los mexicanos, siguiendo su victoria como perros encarnizados, llenos de furor y ira los siguieron hasta metellos en los monte, donde los azcaputzalcas, postrados por tierra, rindieron las armas prometíendoles tierras y de hacelles y labralles casas y cimenteras y de ser sus perpetuos tributarios; de dalles piedra, cal y madera y todo lo que para su sustento hubiesen menester de maíz, frisoles, chía y chile y de todas las legumbres y semillas quellos comen (Durán, 1951).

A la conquista de Azcapotzalco siguió el triunfo sobre otras ciudades tepanecas. En la batalla habían sobresalido de manera destacada personas como Tlacaelel y Moctezuma, capitanes del ejército mexica. Todos ellos recibieron tierras y otras prebendas por parte del tlatoani y fue entonces cuando se creó la llamada «Triple Alianza» entre Tenochtitlan, Texcoco y Tacuba, con lo que se iniciaría la expansión del imperio hasta controlar diversas regiones mesoamericanas a las que hicieron sus tributarias.

En este momento gobernaba la otra ciudad mexica de Tlatelolco Cuauhtlatoa (1428-1460 o 67), y en un principio tuvo buenas relaciones con Itzcóatl para definir los límites de las dos ciudades, aunque luego vendrían nuevas rencillas entre ambas ciudades. Llevó a cabo conquistas importantes especialmente en la costa del Golfo de México, en donde sometió Cotaxtla o Cuetlaxtlan hacia 1461 y 1463, lo que se consideró como uno de los grandes triunfos tlatelolcas. De ellos dijo el historiador Barlow que «señalaron la época de mayor grandeza de Tlatelolco» (Barlow, 2018).

Murió Izcóatl en el año 1440. Su sucesor fue Moctezuma Ilhuicamina, también llamado Huehue Moctezuma o Moctezuma el Viejo, quien tendría el reinado de Tenochtitlan por cerca de treinta años.

Moctezuma Ilhuicamina (1440-1469 d. C.)

Lograda la consolidación del trono de Tenochtitlan llegó al poder Moctezuma Ilhuicamina, que según Durán era primo hermano de Itzcóatl, además de ser uno de los cuatro miembros del consejo real. Durante su mandato ordenó erigir una nueva etapa del Templo Mayor, que estaba dedicado a los dioses Tláloc y Huitzilopochtli. Para esta obra mandó pedir el apoyo de los pueblos cercanos tributarios de Tenochtitlan para que colaborasen con piedra, cal, madera y mano de obra en los trabajos y así lo hicieron; sin embargo, otros pueblos no aceptaron la petición del tlatoani y de su consejero Tlacaelel, lo que desató la guerra contra los de Chalco, los que finalmente fueron vencidos. La expansión militar de Moctezuma fue muy amplia y así conquistó Tepeaca, Tecalli y Cuauhtinchan, en el actual estado de Puebla. También emprendió guerra contra los huastecos, a los que venció. Los prisioneros de esta región eran sacrificados en una ceremonia especial llamada Tlacaxipehualiztli, en honor del dios Tezcatlipoca, la que se hacía sobre una piedra circular llamada Temalácatl y en la que el guerrero enemigo estaba atado de un pie o por la cintura y se le daban para su defensa armas sin filo, mientras que el guerrero mexica contra el que combatirían estaba perfectamente armado. La región de Veracruz y parte de Oaxaca también cayeron bajo el poder mexica y quedaron como tributarios de Tenochtitlan y la Triple Alianza. Pese a esto, hubo rebeliones en contra de Tenochtitlan, como fue el caso de Cuetlaxtla, pero fueron aplacadas violentamente. Los tributos que recibía Tenochtitlan eran en grandes cantidades y muy variados, lo que complementaba de manera significativa la economía mexica.

Los éxitos alcanzados por los mexicas a través de la guerra llevaron a Moctezuma a solicitar nuevamente agrandar el Templo Mayor y así se hizo. Un dato interesante es cómo ordenó que en cada parte que se fuera construyendo colocaran objetos diversos. Así lo menciona Durán:

> [...] mandó [...] que se recogiesen por todas las ciudades mucho número de piedras preciosas, de piedras de ijada verdes, que ellos llaman chalchihuites, y veriles y piedras de sangre, esmeraldas y rubíes y cornerinas; en fin, de todo género de piedras ricas y preciadas joyas y muchas riquezas, y que á cada braza que el edificio creciese fueran echando, entre la mezcla, de aquellas piedras preciosas y ricas joyas [...] (Durán, 1951).

Nuestras excavaciones han proporcionado el hallazgo de muchas ofrendas entre la mezcla que se ponía para engrandecer el edificio, no sólo en la etapa correspondiente a Moctezuma, sino también en las subsecuentes (Durán, 1951).

Hacia el año de 1454 y los dos siguientes una fuerte hambruna se esparció por el territorio, producida por una prolongada sequía con todas sus terribles consecuencias. Repuestos de ella y sintiendo el tlatoani que se acercaba su fin, mandó esculpir en piedra su efigie en el cerro de Chapultepec. La muerte se produjo en el año 1469 y se le hicieron grandes exequias a quien había consolidado el imperio y extendido sus dominios a buena parte de Mesoamérica.

Axayácatl (1469-1481 d. C.)

Tlacaelel reunió al consejo y este nombró a Axayácatl, su sobrino e hijo de la princesa Atotoztli y de Tezozómoc, hijo de Itzcóatl. A él le correspondió entrar en combate en contra de sus vecinos y hermanos de Tlatelolco, gobernada por Moquíhuix, destacado guerrero que había obtenido sonados triunfos. Iniciada la contienda, pronto se inclinó el triunfo hacia el lado de los de Tenochtitlan y fueron vencidos los tlatelolcas en el año 1473. Axayácatl ordenó que la estatua de Huitzilopochtli que estaba en el Templo Mayor del lugar fuese traída a su ciudad y les impuso penalidades que se indican así:

> El rey le mandó, que pues habían sido traidores á su corona real, que de allí adelante quería y era su voluntad que aquella parcialidad mexicana del tlatelulco le fuesen tributarios y pecheros como las demás ciudades y provincias, y que les quitaba todas las libertades y excensiones que los mexicanos tenían, y mandóle tributasen mantas, ceñidores, plumas, joyas y piedras, armas, esclavos, de ochenta en ochenta días, y que con esta condición los perdonaría (Durán, 1951).

Siempre he pensado que lo que motivó la conquista y sometimiento de Tlatelolco fue el poder que había alcanzado por medio del comercio que se veía reflejado en el famoso mercado de la ciudad, lo que admiró de manera evidente a los españoles cuando lo visitaron años después (Matos, 2021c). Una de las derrotas militares más importante que sufrieron los mexicas fue en el gobierno de

Axayácatl: el tlatoani atacó la región de Michoacán, en el occidente de México, pero sus tropas fueron vencidas por los purépechas, lo que fue gran afrenta para Tenochtitlan y su gobernante. Murió Axayácatl en el año 1481 y subió al trono Tízoc.

Tízoc (1481-1486 d. C.)

Este tlatoani fue hermano de Axayácatl y de Ahuitzotl, siendo este último su sucesor en el mando de Tenochtitlan. Se le atribuye el haber mandado a labrar la llamada «Piedra de Tízoc», escultura de forma circular que en su parte superior tiene la imagen del Sol y alrededor del cuerpo de la piedra se ven los catorce triunfos del tlatoani. Está ataviado con las insignias de algunos de los principales dioses y sujeta por los cabellos a los enemigos vencidos. La escultura fue encontrada en la Plaza Mayor de México en 1791. Duró pocos años en el poder y murió en el año de 1486.

Ahuitzotl (1486-1502 d. C.)

Hermano de los dos últimos tlatoanis, Ahuitzotl fue elegido gobernante y fue en su mandato que se sublevaron tres ciudades del norte del actual estado de Guerrero: Alahuiztlan, Oztuma y Teloloapan. Otras rebeliones ya habían ocurrido en los mandatos de anteriores tlatoanis, pero las consecuencias que trajo aparejada ésta fueron demoledoras, ya que el nuevo gobernante ordenó marchar en contra de los pueblos mencionados y los redujo de manera terrible. Así dice el relato:

> [...] y corrían los arroyos pequeños de sangre, y multitud de cuerpos muertos, que los traseros los iban pisando y resbalando en la sangre de los miserables de Teloloapan, y los principales dellos desde un cerrillo agrio dieron voces pidiendo misericordia y diciendo: Señores mexicanos, cesen ya las muertes, que nos sometemos al imperio mexicano: en estas tierras se hace el cacao, miel, algodón, mantas, chile, pepita y todo género de frutas, pues todos estos pueblos son de rosales y huertas, y lo que nos mandáredes haremos [...] (Alvarado Tezozómoc, 1975).

Como era costumbre, se hicieron campañas militares contra otras regiones y capturaron gran número de enemigos para sacrificar en honor del tlatoani elegido. Otras rebeliones también fueron sofocadas, como la de los huastecos, para gloria y honra del imperio. Extendió las fronteras del mismo y conquistó Tehuantepec y llegó hasta el Soconusco, frontero con Guatemala. Como se ve, muchos fueron los triunfos de Ahuitzotl, quien murió en 1502. Se nombró entonces a Moctezuma Xocoyotzin, hijo de Axayácatl, a quien le correspondió gobernar Tenochtitlan hasta la llegada de los españoles.

Moctezuma Xocoyotzin (1502-1520 d. C.)

De este tlatoani hablaremos más extensamente a lo largo de las siguientes páginas.

Cuitláhuac (1520 d. C.)

Hermano de Moctezuma y señor de la ciudad de Iztapalapa, fue nombrado como tlatoani en circunstancias difíciles para los mexicas, pues acababa de ocurrir la muerte del anterior tlatoani en circunstancias poco claras. Cuando los españoles y sus aliados indígenas trataron de escapar de Tenochtitlan ante el acoso que los mexicas hacían del palacio de Axayácatl, morada de los peninsulares, fueron descubiertos y atacados por las fuerzas mexicas comandadas por Cuitláhuac en la llamada «Noche Triste», pues el ejército de Cortés sufrió fuertes bajas, además de perder caballos y armamento y uno de sus principales capitanes que estaba a cargo de la retaguardia, Juan Velázquez de León. Los tenochcas persiguieron al ejército enemigo hasta que este abandonó Tenochtitlan para dirigirse, finalmente, hacia Tlaxcala, donde contaban con el apoyo de sus aliados tlaxcaltecas. Una vez allí emprendieron la tarea de construir doce bergantines que servirían para el acoso naval en el lago de Texcoco a las fuerzas conquistadoras.

Sin embargo, un mal imprevisto vino en ayuda de los peninsulares: se desató una epidemia de viruela que provocó la muerte de Cuitláhuac. De inmediato los mexicas nombraron un nuevo tlatoani en la figura del joven

Cuauhtémoc, sobrino de Moctezuma y Cuitláhuac, quien aceptó el cargo en estos difíciles momentos.

Cuauhtémoc (1520-1521 d. C.)

Este joven gobernante —se calcula que al sumir el mando tenía alrededor de 20 años— tuvo que enfrentar a las huestes enemigas formadas por cerca de mil hombres que acompañaban a Cortés y a miles y miles de indígenas que se aliaron con el capitán extremeño para así liberarse del yugo a que los tenía sujetos Tenochtitlan. Se vivieron dramáticos días y el asedio a las ciudades mexicas duró alrededor de tres meses, hasta que el 13 de agosto de 1521 fue capturado Cuauhtémoc cuando defendía el último reducto mexica en Tlatelolco. Se le llevó preso ante Hernán Cortés y el indomable tlatoani se dirigió así a su interlocutor con las siguientes palabras: «Señor Malinche: ya he hecho lo que soy obligado en defensa de mi ciudad y vasallos, y no puedo más, y pues vengo por fuerza y preso ante tu persona y poder, toma ese puñal que traes en el cinto y mátame luego con él» (Díaz del Castillo, 2018). Bien sabemos que lo que quiere decir Cuauhtémoc no es «mátame luego con él», sino «sacrifícame», pues ese era el destino que se deparaba a los prisioneros de guerra, ya que con la muerte por sacrificio les estaba deparado ir a acompañar al dios Huitzilopochtli, deidad solar, desde el orto hasta el mediodía. Cortés no entiende esto y lo perdona. Difícil debió ser para el tlatoani aquel perdón, pues su ciclo como capitán del ejército mexica no se cumpliría.

Llegaba así a término la primera etapa de la conquista militar. Empezaba ahora la conquista espiritual al mismo tiempo que daba comienzo la conquista de todo el territorio que se le nombraría como Nueva España.

II

Moctezuma Xocoyotzin

Nacimiento y educación

Como a menudo sucede, algunas fechas no están precisadas en los anales de la historia. Esto ocurre en el caso que nos ocupa, ya que el nacimiento de quien dirigirá los destinos de Tenochtitlan años más tarde no aparece registrado con total precisión. Caso contrario es la fecha de su muerte, ya que contamos con mejor información de la manera en que esto sucedió. Sin embargo, se han mencionado por algunos autores la posible fecha de nacimiento de Moctezuma y es así que se dice que esto ocurrió en 1467 o 1468 en un barrio de la ciudad mexica de Tenochtitlan llamado Atícpac. El dato puede corroborarse, ya que en la *Crónica mexicana* de Fernando Alvarado Tezozómoc leemos que al ser electo por el consejo como máximo gobernante, esto sucedió cuando tenía 34 años. Dice así la crónica:

> [...] que se escogiese y nombrase y fuese rey Tlacochcalcatl Moctezuma, hijo y heredero del rey Axayacatl, porque no es muchacho sino hombre hecho de treinta y cuatro años [...] (Alvarado Tezozómoc, 1980:572).

Era hijo, como quedó dicho, del tlatoani Axayácatl y de una mujer noble de la cercana ciudad de Iztapalapa. Poco se menciona de sus primeros años, sin embargo, sabemos que la educación se llevaba en primer lugar en el hogar y debió de contar con ayos principalmente ancianos que prepararon al niño antes de ingresar a la escuela de los nobles llamada Calmécac. Los padres ofrecían al infante a esta escuela y nos dice fray Bernardino de Sahagún acerca de ella en su libro octavo:

> Y cuando el niño llegaba a diez o doce años metíanle en la casa del regimiento que se llamaba Calmécac. Allí lo entregaban a los sacerdotes y sátrapas del templo, para que allí fuese criado y enseñado [...] y si no lo metían en la casa del regimiento, metíanle en la casa de los cantores, y encomendábanle a los principales de ellos, los cuales le imponían en barrer en el templo, o en aprender a cantar, y en todas las maneras de penitencia que se usaban.
>
> Y cuando ya llegaba el mancebo a los quince años, entonces comenzaban a aprender las cosas de la guerra, y en llegado a veinte años llevábanle a la guerra (Sahagún, 1956).

Tanto en el Calmécac como en el Telpochcalli, escuela esta última para la gente del pueblo, la enseñanza se acompañaba con estrictas medidas que ayudaban a formar al futuro ciudadano. Es de pensar que Moctezuma debió de asistir a la escuela para nobles, pues en ella aprendía no sólo todo lo relacionado con sus costumbres, sino también, como se dijo, lo relativo a la guerra.

Moctezuma destacó en la práctica guerrera desde muy joven y participó en combates que sus antecesores llevaron a cabo. Alcanzó el grado de *tlacochcalcatl,* uno de los más altos dentro del ejército mexica. Tanto en lo religioso como en lo militar, el joven y futuro tlatoani destacaba de manera sobresaliente. Estaba preparado para ser ungido como señor de Tenochtitlan.

Elección de Moctezuma y características de su gobierno

La muerte del antecesor de Moctezuma, Ahuitzotl, ocurrida en el año de 1502, no ha sido esclarecida dado que las fuentes históricas hablan de diversas causas. El dominico Durán menciona que fue con motivo de un mal no determinado a raíz de que regresara de su batalla en la región de Xoconusco, frontero con la hoy Guatemala. Las palabras de fray Diego relatan así lo acontecido:

> Desde á pocos días que el Rey Ahuitzotl volvió de la guerra de Xoconochco y de toda aquella conquista, cayó malo de una grave enfermedad, tan grave, que no entendida de los médicos se creyó haber procedido y haberse causado de algún bocado (¿veneno?) que en aquella tierra le dieron, porque como en el capítulo de su elección tratamos, era mozo y de muy poca edad y demás de eso muy robusto, así en lo exterior como en el ánimo y fuerzas, con la cual enfermedad se fue secando, que faltándole la virtud natural vino á morir con solo el cuero pegado á los huesos, no sabiendo remedio que hacerle [...] (Durán, 1951:403-404).

Por su parte, Alvarado Tezozómoc en su *Crónica mexicana* no habla de esto, sino que hace referencia prolija del acueducto que el tlatoani mandó hacer para traer agua en mayor abundancia a la ciudad, lo que provocó inundaciones y daños sin número. Esto le atrajo al tlatoani el ser mal visto y fue una de sus últimas acciones. En la *Crónica mexicáyotl*, del mismo Alvarado, sólo leemos una escueta mención en la que señala: «En el año 10-conejo, "1502 años", fue cuando murió el señor Ahuitzotzin, que era rey de Tenochtitlan, hijo de Huehue Tezozomoctli, el príncipe de Tenochtitlan [...]» (Alvarado Tezozómoc, 1975:143).

Reunido el consejo para elegir al nuevo tlatoani, del que formaban parte los gobernantes de las ciudades de Texcoco y Tacuba, aliadas de Tenochtitlan, y otros principales señores, empezaron las deliberaciones. Según Durán, tomó la palabra primero Nezahualpilli, señor de Texcoco, y dijo así:

> Valeroso Rey de Tacuba y grandes señores de México y de las demás provincias de Chalco, Xuchimilco, y tierra caliente que presentes estáis, con todos los demás señores con cuyo voto y parecer se ha de escoger una lumbrera que, como rayo de sol nos alumbre, y un espejo donde todos nos miremos [...] (Durán, 1951:410).

Seguía con palabras elocuentes haciendo ver las virtudes que debía tener el elegido. Tomó la palabra luego Cihuacóatl, quien presidía el consejo y fue enumerando a todos los posibles candidatos hijos o parientes de anteriores tlatoanis. Finalmente, después de valorar los atributos de cada uno, se inclinaron hacia la persona de Moctezuma, hijo de Axayácatl. Las dotes que veían en el elegido eran las de ser hombre de

> [...] buena edad y muy recogido y virtuoso y muy generoso y de ánimo invencible y adornado de todas las virtudes que en un buen príncipe se podían hallar, cuyo consejo y parecer era siempre muy acertado, especialmente en las cosas de la guerra, en las cuales le habían visto ordenar y acometer algunas cosas que eran de ánimo invencible (Durán, 1951:412).

En efecto, Moctezuma había sobresalido en acciones de guerra, lo que lo había llevado a alcanzar el grado militar de *tlacochcalcatl,* lo que a su vez le permitió formar parte del consejo cuatripartita de Tenochtitlan.

Una vez electo el sucesor de Ahuitzotl, se le buscó para darle la noticia. Con ello comenzaban los rituales que se usaban para ungirlo como nuevo tlatoani. Estos consistían en cortarle el cabello según su usanza, le atravesaban las ternillas de las narices para colocarle una piedra delgada de gran valor; en la parte de abajo del labio inferior se le ponía un bezote y en las orejas unas ricas orejeras de piedra. Después se le cubría con mantas «que ellos usaban como investidura real» y le calzaban zapatos. Se le colocaba en la cabeza una especie de corona y, acto seguido, se levantaba para incensar con copal (especie de incienso) a los dioses, con especial atención al dios del fuego. Después se sangraba las orejas con punzones de hueso de jaguar y las espinillas con punzones hechos de hueso de águila. Sacrificó varias codornices y fue trasladado a la casa real. Allí se le rendía vasallaje y los señores de Texcoco, Tacuba y otras ciudades le dirigían palabras elogiosas con gran retórica a las que respondió con agradecimiento por haberse fijado en su persona para dirigir los destinos de su pueblo.

Diversas crónicas coinciden en que la entronización de Moctezuma Xocoyotzin fue en el mismo año de 1502. Alvarado Tezozómoc lo comenta así: «[...] en este año mencionado de 10-conejo, "1502 años", fue cuando se asentó por rey el señor Moteuczoma Xocoyotl, rey de Tenochtitlan, en el 9-venado del cómputo diario, o sea el "14 de abril", hijo éste de Axayacatl, rey de Tenochtitlan» (Alvarado Tezozómoc, 1975:148). En el *Códice Telleriano Remensis* vemos la lámina que registra la muerte de Ahuitzotl en el año «10-Conejo» (1502) y su nombre inscrito a un lado, encima de la representación del bulto mortuorio del tlatoani sentado en su *icpalli* o trono. Delante de él, está Moctezuma con su glifo y su nombre y está igualmente sentado en el trono como sucesor de Ahuitzotl. Otro códice, el *Aubin*, en su folio 40r, tiene pintado el bulto mortuorio de Ahuitzotl con el glifo que indica su nombre y debajo de él está Moctezuma sentado en el trono. Frente a él vemos el glifo del año «10-Conejo», correspondiente al año 1502. También hemos encontrado frente al Templo Mayor de Tenochtitlan la enorme escultura del dios Tlaltecuhtli, Señor/Señora de la Tierra, que en su garra derecha tiene el glifo «10-Conejo» y el lugar que ocupa se relaciona, precisamente, con las etapas del Templo que corresponden a las del tlatoani.

Terminados estos primeros protocolos, Moctezuma comenzó a gobernar. Una de las primeras disposiciones del recién electo tlatoani fue la de retirar a los servidores del palacio y substituirlos por gente de la nobleza, pues decía que la gente «baja» no era confiable. Después de esta acción vinieron los preparativos para la coronación del nuevo tlatoani. Era costumbre en estas celebraciones la de conseguir víctimas para el sacrificio, para lo cual se entablaban guerras en contra de pueblos enemigos. En este caso, se dio la situación de que los pueblos de Nopala e Icpatepec se habían alzado contra los mexicas, lo que dio la oportunidad de que las fuerzas de la Triple Alianza marcharan en contra de los rebeldes al mando del mismo Moctezuma, quien una vez más dio muestra de sus habilidades militares. Estas provincias fueron derrotadas y se tomaron buen número de prisioneros que serían sacrificados en los rituales de coronación del monarca. Así las cosas, llegó el día de la coronación pública del mandatario y Moctezuma dio instrucciones para que se invitara a las provincias enemigas de la Triple Alianza. Mandó mensajeros a Tlaxcala, Huejotzingo, Cholula, Metztitlan y Michoacan, entre otras, para que sus gobernantes estuvieran presentes en las ceremonias. Según Durán, éstos aceptaron gustosos y llegaron a Tenochtitlan para asistir a la entronización. Fueron muy bien recibidos y se les entregaron obsequios diversos. En realidad, era una estrategia del nuevo tlatoani para mostrar la grandeza y poderío del imperio. Llegado el día, se comenzaron los preparativos y leemos en Durán cómo fue el acto de coronación:

> Al cuarto día que se acabaron las fiestas fue ungido Montezuma y coronado públicamente por mano de los Reyes y del sacerdote

> supremo, á quien se le hicieron todas las cerimonias y ritos y supersticiones que sus leyes mandaban, las cuales se concluían con untalle ó embijalle con el betún divino, lo cual era como consagralle en dios, en lo cual prometía favor á las cosas divinas y defender sus dioses y ley y en el vestille las vestiduras Reales y ponelle la corona y todas las demás insignias de Rey, juraba y prometía de guardar sus leyes civiles y fueros y privilegios y preeminencias de la ciudad, y de sustentar las guerras y defender la República ó morir en la demanda (Durán, 1951:430).

Después de estos acontecimientos, Moctezuma siguió dando muestras de su fortaleza y entabló guerra contra varias provincias a las que venció y sujetó al Imperio mexicano. Un acto que lo define muy bien es aquel en que llamó a los señores de Tlatelolco, ciudad mexica vecina que había sido vencida en guerra por su padre, Axayácatl, quedando como tributaria de Tenochtitlan. Los tlatelolcas, pese al tributo que se les había impuesto, no hacían entrega del mismo, por lo que Moctezuma les hizo ver que debían de entregar lo acordado. Viendo la severidad del requerimiento por parte del tlatoani, no les quedó otro recurso que colaborar con los de Tenochtitlan. En fin, el hecho es que la Triple Alianza —Tenochtitlan, Texcoco y Tacuba— seguía conquistando y sometiendo pueblos hasta regiones lejanas como Oaxaca y ambas costas. Todo ello despertaba y aumentaba el odio de muchas provincias sujetas en contra de sus opresores. Pero no todo era miel sobre hojuelas: su aliado, el señor Nezahualpilli de Texcoco, reconocido por sus habilidades de nigromántico, un buen día llegó al palacio de Moctezuma y le comentó lo siguiente:

> Poderoso y gran Señor: mucho quisiera no inquietar tu ánimo poderoso, quieto y reposado; pero fuérzame la obligación que tengo de te servir á darte cuenta de una cosa extraña y maravillosa [...] por lo cual debes estar avisado y advertido y con mucho cuidado, porque yo he alcanzado, por cosa muy verdadera, que de aquí á muy pocos años nuestras ciudades serán destruidas y asoladas, nosotros y nuestros hijos muertos y nuestros vasallos apocados y destruidos, y de esto no tengas duda [...] y más te digo, que antes de muchos días verás en el cielo señales que serán pronóstico de lo que te digo [...] (Durán, 1951:479-480).

Verdad o no, el hecho es que empezaron a presentarse fenómenos de los que hablamos con anterioridad en el preámbulo de esta narrativa y lo interesante es que algunos de ellos provocaban desasosiego en la población. A lo anterior se unía el que en la costa del Golfo de México llegaron las expediciones de Hernández de Córdoba en 1517 y, al año siguiente, la de Grijalva, lo que llegó a oídos del tlatoani según relata Bernal Díaz del Castillo. Todo esto no presagiaba nada bueno para el imperio y, para colmo de males, seguían llegando noticias de los espías de Moctezuma, que le informaban que nuevos avistamientos en la mar indicaban el arribo de barcos y gente extraña que en ellos venía.

Moctezuma, pensativo y atribulado en su palacio, mandó llamar a sus agoreros y magos para que le dijesen acerca de todo aquello. No hallaban respuesta para tales fenómenos. En otra ocasión volvió a consultar al señor de Texcoco por el cometa que habían aparecido en el cielo y Nezahualpilli le comentó de las desgracias que venían en contra de sus ciudades. Oídas las palabras del señor de Texcoco, el tlatoani mostró gran tristeza y exclamó:

> Oh Señor de lo criado, oh dioses poderosos en quien está el matar y dar vida: ¿cómo habéis permitido que habiendo pasado tantos reyes y señores poderosos, me cupiese á mí en suerte la desdichada destrucción de México, y que vea yo la muerte de mis mujeres e hijos, y que me vea yo desposeer de mis poderosos reynos y señoríos y de mis vasallos y de todo lo que los mexicanos han conquistado y ganado con su poderoso brazo y con la fuerza y ánimo de su pecho? (Durán, 1951:491).

Todo parece indicar que, en efecto, aquel acontecimiento del cometa vino a turbar la serenidad del tlatoani. Mientras tanto, las noticias no eran halagüeñas: gente extraña se acercaba en las costas…

Moctezuma meditaba; Cortés avanzaba…

III
… Y llegaron los españoles

10 de febrero del año de 1519. Hernán Cortés se hace a la mar con once navíos desacatando las órdenes del gobernador de Cuba, Diego Velázquez, quien había decidido revocar del mando que había otorgado a don Hernán para que encabezara la nueva expedición. Enterado de tal decisión, Cortés decide embarcarse según relata Bernal Díaz del Castillo en su *Historia verdadera de la Conquista de la Nueva España* (Díaz del Castillo, 2014). Antes de continuar, creo necesario hacer ver que Cortés sabía muy bien lo que iba a enfrentar al llegar a tierras de Yucatán en virtud de las experiencias que habían vivido tanto Hernández como Grijalva. Por esto tomó las providencias de armarse hasta donde fuera posible. Nos cuenta Bernal Díaz:

> Pues como ya fue elegido Hernando Cortés por general, de la manera que dicho tengo, comenzó a buscar todo género de armas, ansí escopetas, pólvora y ballestas, y todo cuantos pertrechos de armas pudo haber y buscar de rescate, y también otras cosas pertenecientes a aquel viaje (Díaz del Castillo, t. I, 2014:78-79).

Cortés llega a Cozumel y de inmediato se percata de que hay españoles náufragos que siete años atrás habían logrado llegar a Yucatán. De inmediato prepara una carta que reza así:

> Señores y hermanos: aquí, en Cozumel, he sabido que estáis en poder de un cacique detenidos, y os pido por merced que luego os vengáis aquí, a Cozumel, que para ello envío un navío con soldados, si los hobiésedes menester, y rescate para dar a esos indios con quien estáis; y lleva el navío de plazo ocho días para os aguardar. Veníos con toda brevedad, de mí seréis bien mirados y aprovechados. Yo quedo en esta isla con quinientos soldados y once navíos; en ellos voy, mediante Dios, la vía de un pueblo que se dice Tabasco o Potonchán, etc. (Díaz del Castillo, t. I, 2014:98-99).

La carta llegó a manos de uno de los náufragos, Jerónimo de Aguilar, quien presto se dirigió a otro pueblo distante cinco leguas para darle la grata nueva a Gonzalo Guerrero. Llegado al lugar, Jerónimo se dirigió a Gonzalo y le dio a conocer el contenido de la misiva. La respuesta de su compañero fue contundente:

> Hermano Aguilar, yo soy casado y tengo tres hijos, y tiénenme por cacique y capitán cuando hay guerras; íos vos con Dios, que yo tengo labrada la cara y horadadas las orejas. ¿Qué dirán de mí desque me vean esos españoles ir desta manera? E ya véis estos mis hijitos cuán bonicos son. Por vida vuestra, que me deis desas cuentas verde que traéis para ellos, y diré que mis hermanos me las envían de mi tierra (Díaz del Castillo, t. I, 2014:100).

La mujer de Gonzalo intervino para zanjar la situación y pedirle a Jerónimo con fuertes palabras que no insistiese. Continúa el relato de Bernal Díaz:

> Y el Aguilar tornó a hablar al Gonzalo, que mirase que era cristiano, que por una india no perdiese el ánima; y si por mujer e hijos lo hacía, que la llevase consigo, si no los quería dejar. Y por más que le dijo y amonestó, no quiso venir. Y parece ser aquel Gonzalo Guerrero era hombre de la mar, natural de Palos, y desque el Jerónimo de Aguilar vido que no quería venir, se vino luego con los dos indios mensajeros adonde había estado el navío aguardándole (Díaz del Castillo, t. I, 2014:100).

Llegado el momento Jerónimo se incorporó a la armada de Cortés y como vestía a la usanza maya y estaba tostado por el sol en un principio no lo reconocieron. Para identificarse exclamó, como dice Bernal, en un español mal mascado y peor pronunciado «¡Dios y santa María e Sevilla!».

Lo importante de este acontecimiento y de la incorporación de Jerónimo a las fuerzas de don Hernán era que, al hablar el maya después de siete años de estar en tierras mayas a grado tal que ya hablaba mal el español, sirvió al conquistador en las traducciones que más adelante tendría que hacer en diversos pasajes de la conquista. Para esto faltaba otra persona que sirviera como interlocutora, que pronto se sumaría a las gentes del capitán extremeño. ¿Cómo ocurrió esto? Cortés continuó su cabotaje por la costa maya hasta llegar a un lugar en Tabasco en el que entabló combate contra grupos mayas, causándose buen número de bajas por ambos bandos. Finalmente, el triunfo se inclinó hacia las fuerzas peninsulares. Este enfrentamiento se conoce como «batalla de Centla». Los caciques de la región reunieron 20 mujeres que entregaron a Cortés. Entre ellas se encontraba una de nombre Malintzin, mujer culta y preparada, que de niña había sido entregada por su madre a unos mercaderes. La mujer, conocida como Malinche, hablaba varias lenguas de la región. Así lo expresa Bernal Díaz:

> La doña Marina [nombre que se le puso a Malintzin una vez bautizada] sabía la lengua de Guazacualco, que es la propia de México, [náhuatl] y sabía la de Tabasco, como Jerónimo de Aguilar sabía la de Yucatán y Tabasco, que es toda una [maya]. Entendíanse bien, y el Aguilar lo declaraba en castilla [español] a Cortés; fue un gran principio para nuestra conquista (Díaz del Castillo, t. I, 2014).

Con la presencia de Malinche, se contaba con el eslabón necesario para entenderse más tarde con los mexicas: la Malinche traducía del náhuatl al maya; Jerónimo lo hacía del maya al español. Con tan formidable apoyo, Cortés pudo dialogar con sus enemigos y, a la vez, enterarse de datos valiosos sobre temas de guerra. Por eso he dicho que uno de los elementos esenciales para la conquista fue, precisamente, el lenguaje (Matos, 2020).

Cortés llegó con sus barcos a San Juan de Ulúa en Veracruz. Varios sucesos importantes se van a dar durante su estancia en el lugar. Primero, hay que advertir el cambio que se da por parte de los naturales de la región en comparación con la actitud beligerante que los mayas tuvieron hacia los recién llegados. Los totonacas de la costa veracruzana reciben bien a los españoles y la razón para que esto suceda es que estaban sometidos por los mexicas, por lo que se quejan ante Cortés de esa situación. Cortés, con gran habilidad, se percata de la situación y les hace ver que ya no pagarán tributo alguno a Moctezuma. Lo anterior trae consecuencias. Los encargados por el tlatoani mexica de recabar el tributo de aquellas provincias —Tendile y Pitalpitoque— de inmediato van a visitar al español y le llevan presentes. Al mismo tiempo, sus pintores recaban información de los fuereños y envían a Tenochtitlan pinturas de ellos. Así lo expresa Bernal Díaz:

> Y paresce ser el Tendile traía consigo grandes pintores que los hay tales en México, y mandó pintar al natural la cara y rostro e cuerpo y faiciones de Cortés y de todos los capitanes y soldados, y navíos y velas y caballos, y a doña Marina e Aguilar, y hasta dos lebreles, e tiros y pelotas, y todo el ejército que traíamos, y lo llevó a su señor (Díaz del Castillo, t. I, 2014:139).

Cortés encalla sus naves

El capitán español encuentra sobradas razones para asentarse en el lugar. Ha sido bien recibido por los pobladores locales; el cacique de Cempoala le ofrece apoyo en bastimentos y guías; los enviados de Moctezuma le entregan presentes y todo ello le permite establecer sus reales. Se establece la Villa Rica de la Veracruz y Cortés es nombrado por sus seguidores como capitán general y justicia mayor, levantando el acta correspondiente. La gente que lo acompaña envía una carta a España haciendo manifiesto su apoyo a Cortés con fecha 20 de junio de 1519. Otra carta la envió el mismo Cortés al rey de España, fechada el 10 de julio del mismo año. Se trata de la primera carta de relación que el capitán manda a España con el fin de dar razón de sus andanzas de conquista por estas tierras. Está acompañada del acta con la descripción de los objetos que le envió Moctezuma y que a su vez remite a la Península por medio de los procuradores Alonso Fernández Portocarrero y Francisco de Montejo, acta que tiene fecha de 6 de julio de 1519. Comenta Bernal Díaz lo siguiente en relación con estos documentos:

> Y Cortés escribió por sí, según él nos dijo, con reta relación, más no vimos su carta; y el cabildo escribió juntamente con diez soldados de los que fuimos en que se poblase la tierra, y le alzamos a Cortés por general. Y con toda verdad, que no faltó cosa ninguna en la carta; iba yo firmado en ella. Y demás destas cartas y relaciones, todos los capitanes y soldados juntamente escrebimos otra carta y relación (Díaz del Castillo, t. I, 2014:189).

Sin embargo, hay descontento entre algunos miembros de su tropa que no están de acuerdo en la desobediencia del capitán hacia Diego Velázquez y desean regresar a Cuba. Cortés toma una determinación: encallar las naves o, como se dice en términos marineros, ponerlas a través. Nunca las quemó, idea que se ha extendido y que queda desmentida con las palabras del mismo Cortés en su segunda carta de relación y las de Bernal Díaz. Dice el primero de ellos: «los dichos navíos no estaban para navegar, los eché a la costa; por donde todos perdieron la esperanza de salir de la tierra, y yo hice mi camino más seguro, y sin sospechas que vueltas las espaldas no había de faltarme la gente que yo en la villa había de dejar». Más adelante agrega: «Ocho o diez días después de haber dado con los navíos en la costa [...]» (Cortés, s/f:139-140).

Por su parte, Bernal Díaz advierte algo interesante:

> Estando en Cempoal, como dicho tengo, platicando con Cortés en las cosas de la guerra y camino que teníamos por delante, de plática en plática le aconsejamos los que éramos sus amigos, y otros hobo contrarios, que no dejase navío alguno en el puerto, sino que luego diese al través con todos [...] [Continúa diciendo] Después de haber dado con los navíos al través [...] (Díaz del Castillo, t. I, 2014:203 y 205).

Todos los hechos mencionados fueron importantes para dar los pasos siguientes. La suerte estaba echada: seguirían adelante con la meta de llegar a Tenochtitlan.

Mientras tanto, Moctezuma también actúa: según Bernal Díaz, había ordenado a sus *calpixques* o recaudadores del tributo que dejasen de dar alimentos a los extranjeros y así lo hacen. Amedrentan al cacique Gordo de Cempoala y a otros mandatarios totonacas que apoyaban a Cortés. Algo muy relevante de la estrategia que el tlatoani va a emplear de enviar obsequios de oro, plata, plumería y otros a Cortés, pero con la petición de que se retiren y no avancen. Pero no sólo tomó esta acción, sino que ordena que sus magos y agoreros hagan sus rituales para evitar el avance español. Nada de esto consiguió detener la decisión que se había tomado…

Llegada a Tlaxcala y matanza de Cholula

Las fuerzas conquistadoras emprenden la marcha hacia Tenochtitlan. Son acompañadas por gentes de Cempoala y pronto van a enfrentarse con los tlaxcaltecas, quienes en un principio los reciben en son de guerra. Vencidos por los españoles, se reúne el consejo tlaxcalteca presidido por Xicoténcatl el Viejo y acuerdan, finalmente, apoyar a los españoles. Moctezuma aprovecha el triunfo peninsular sobre sus enemigos de siempre, pues hay que recordar que mexicas y tlaxcaltecas siempre estuvieron enfrentándose, y envía embajadores ante Cortés y entregan regalos —oro, mantas y otros bienes—, con la condición de que no continúen su avance. Veamos lo que mandó decir el tlatoani mexica pensando que con ello aplacaría el interés del capitán por seguir adelante, sin darse cuenta de que, por el contrario, mientras más oro enviaba más despertaba el interés de los españoles:

> Y envió en presente obra de mil pesos de oro en joyas muy ricas y de muchas maneras labradas y veinte cargas de ropa fina de algodón, y envió a decir que quería ser vasallo de nuestro gran Emperador. Y que se holgaba porque estábamos ya cerca de su ciudad […] y que viese cuanto quería de tributo cada año para

nuestro gran Emperador, que lo daría en oro y plata y ropa y piedras de chalchíuis, con tal que no fuésemos a México (Díaz del Castillo, t. I, 2014:250).

Llegados a la ciudad de Tlaxcala, Cortés y sus fuerzas reafirman la paz con los tlaxcaltecas. Aprovecha su estancia para conocer por boca de los caciques sobre las características militares de los de Tenochtitlan. Consigue información valiosa acerca del tema, lo que se constituye en información privilegiada aun antes de llegar a la ciudad mexica. Veamos algunos de los datos que recaba:

[…] y los puentes de madera que tienen en cada calzada, y como entra y sale por el trecho de abertura que hay en cada puente y cómo, en alzando cualquiera de ellas, se puede quedar aislado entre puente y puente […] Y todas las casas son de azoteas, y en las azoteas tienen a manera de mamparos, y pueden pelear desde encima dellas. Y la manera cómo se provee la cibdad de agua dulce desde una fuente que se dice Chapultepeque […] (Díaz del Castillo, t. I, 2014:266-267).

Y continúa el relato de la siguiente manera:

Y luego contaron de la manera de las armas, que eran varas de a dos gajos que tiraban con tiraderas que pasan cualquier arma; y muchos buenos flecheros y otros con lanzas de pedernales, que tienen una braza de cuchilla, hechas de arte que cortan más que navajas, y rodelas y armas de algodón; e muchos honderos con piedras rollizas, e otras lanzas muy largas e grandes, e espadas de a dos manos de navajas. Y trujeron pintadas en unos grandes

> paños de henequén las batallas que con ellos había habido y la manera de pelear (Díaz del Castillo, t. I, 2014:267).

Mientras tanto, Moctezuma continúa entregando grandes regalos, pero todo será inútil. Decidido como estaba, Cortés emprende el camino hacia Cholula, población sujeta a Moctezuma y allí se va a dar un acontecimiento importante. Para este momento y viendo Moctezuma que no logra su propósito de detener el avance, cambia su estrategia y se inclina por usar la fuerza militar. Cortés es advertido por sus nuevos aliados del peligro de entrar a Cholula, pero insiste en ello. Ya dentro de la población, la Malinche es advertida por una anciana de que hay planes para un levantamiento en contra de las fuerzas españolas y que ella la va a ayudar a salvarse. Aquí la situación es confusa: quizá Cortés quiso dar un escarmiento y hacer ver su fuerza, aunque persisten dudas de que en realidad había tal proyecto de atacar por parte de los mexicas. Cortés se adelanta y acomete a los pobladores y ocurre una gran matanza. Fray Bernardino de Sahagún no parece estar de acuerdo con lo acontecido y achaca a Cortés la matanza. Dice así el franciscano: «Los cholultecas ni llevaron armas ofensivas ni defensivas, sino fuéronse desarmados pensando que no se haría lo que se hizo: de esta manera murieron mala muerte» (Sahagún, IV, 1956:38). Sea como fuere, Cortés se encuentra prácticamente en la antesala de Tenochtitlan.

El avance continúa. La ruta que piensan tomar y llegar al valle de México no es seguida, pues se dan cuenta, apercibidos por los tlaxcaltecas, de que hay escuadrones mexicas prestos a atacarlos. Cambian el rumbo y toman otros caminos. Moctezuma vuelve a recurrir a la práctica de enviar embajadores con grandes presentes de oro y mantas con la súplica de que no sigan adelante. Aquí las palabras de Bernal Díaz:

> Ya que estábamos de partida para ir nuestro camino a México, vinieron ante Cortés cuatro principales mexicanos que envió Moctezuma, y trujeron un presente de oro y mantas, y después de hecho su acato, como lo tenían de costumbre, dijeron: «Malinche, este presente te envía nuestro señor, el gran Montezuma, y dice que le pesa mucho por el trabajo que habéis pasado en venir de tan lejas tierras a le ver, y que ya te ha enviado a decir otra vez que te dará mucho oro y plata y chalchíuis en tributo para vuestro emperador y para vos y los demás teúles que traéis, y que no vengas a México. E agora nuevamente te pide por merced que no pases de aquí adelante, sino que te vuelvas por donde viniste [...]» (Díaz del Castillo, t. I, 2014:304).

Las estrategias del tlatoani fracasan y, finalmente, las fuerzas de Cortés llegan a Tenochtitlan el 8 de noviembre de 1519.

Los españoles en Tenochtitlan

Moctezuma recibió a Cortés en compañía de sus principales allegados y ordenó que fueran alojados en el palacio de su padre Axayácatl. Por cierto, que una descripción de la persona del tlatoani se le debe a Bernal Díaz del Castillo, quien lo describe así:

> Era el gran Montezuma de edad de hasta cuarenta años, y de buena estatura e bien proporcionado e cenceño e pocas carnes, y la color ni muy moreno, sino propia color e matiz de indio, y traía los cabellos no muy largos, sino cuanto le cubrían las orejas, e pocas barbas, prietas e bien puestas e ralas, y el rostro algo largo e alegre, e los ojos de buena manera. E mostraba en su persona, en el mirar, por un cabo amor, e cuando era menester, gravedad. Era muy polido e limpio... (Díaz del Castillo, t. I, 2014:321).

En un principio todo parecía marchar bien: se hacen visitas de cortesía y Moctezuma lleva a recorrer la ciudad a Cortés. Suben al Templo Mayor, edificio sagrado de los mexicas. También visitan la vecina ciudad de Tlatelolco y el mercado, que causa enorme impresión en los fuereños. Sin embargo, los mexicas en Veracruz matan a Escalante, representante de Cortés en aquel lugar. Los ánimos están caldeados. Cortés hace una conjura para hacer prisionero a Moctezuma y ésta se lleva a cabo: le invitan a que vaya a los aposentos de los españoles y no faltaron algunos de los de Cortés que se exaltaran y pidieran que allí mismo lo mataran, ya que el capitán decía muchas palabras para convencer a Moctezuma y éste se resistía. Intercedió la Malinche y apercibió al tlatoani de que era lo mejor que fuera con los españoles al palacio de Axayácatl. Así se hizo y de esa manera quedó prisionero. Este acto de audacia causó enojo entre los mexicas.

En esos momentos llegaron noticias de Veracruz de que una flota al mando de Pánfilo de Narváez había llegado con órdenes del gobernador de Cuba para aprehender a Cortés. De inmediato Cortés se fue hacia la costa con parte del ejército para enfrentar a Narváez, al que finalmente venció. Al mando de Tenochtitlan, Cortés había dejado a Pedro de Alvarado, quien cometió una imprudencia que provocaría el levantamiento armado de las fuerzas mexicas. De esto hablaremos en el siguiente capítulo.

IV
Muerte de Moctezuma Xocoyotzin

Como a menudo ocurre con la muerte de algún personaje en que los sucesos no están claros y vemos versiones encontradas, el caso de Moctezuma no fue la excepción. Para tratar de dilucidar lo acontecido tenemos que ver en qué circunstancias se desarrollaron los hechos, ya que esto resulta de la mayor importancia para entender las vicisitudes que los dos bandos contendientes vivieron en aquellos días. Para esto acudiremos a algunas fuentes históricas que hablan de la muerte del tlatoani y de lo que ocurrió previo a que esto aconteciera.

Ya habíamos comentado cómo Cortés tuvo que partir hacia Veracruz con parte de sus tropas para enfrentar a Pánfilo de Narváez y encargó el mando a Pedro de Alvarado. Por aquel entonces se iba a celebrar por parte de los mexicas la fiesta de Tóxcatl, en honor de su dios Tezcatlipoca. Según Sahagún, esta festividad se verificaba entre el 4 y el 25 de mayo. Llegado el día, los asistentes portaban sus mejores galas y adorno de oro y plumería. Los músicos tañían sus instrumentos y empezaron las ceremonias. En un momento dado, las tropas españolas al mando de Alvarado hicieron su irrupción en la plaza donde se llevaba a cabo los actos rituales y acometieron a los participantes. La matanza fue enorme y se despojó de sus adornos a los fallecidos. En el *Códice Durán* hay una lámina (folio 211r) que representa el patio del templo y se ven mexicas heridos o muertos y españoles armados con espadas, lanzas y rodelas atacando a los inermes feligreses. Brazos cercenados, cabezas cortadas, en fin, que el ataque inesperado provocó la ira de los mexicas que de por sí no estaban nada contentos con la detención de Moctezuma y otros nobles en el palacio de Axayácatl, que servía de alojamiento a las huestes españolas. La matanza fue la gota que derramó el vaso. Los ataques al palacio fueron constantes y el asedio tenía agobiadas a las fuerzas allí atrincheradas. Cortés fue avisado de lo sucedido y a grandes jornadas regresó a Tenochtitlan.

Cortés reprendió fuertemente a Alvarado por lo sucedido. He aquí las palabras que intercambiaron el capitán general y Alvarado, este último tratando de justificar su acción:

> Y le tornó a decir Cortés que a qué causa les fue a dar guerra estando bailando y haciendo sus fiestas. Y respondió que sabía muy ciertamente que en acabando las fiestas y bailes y sacrificios que hacían a su Huichilobos y a Tezcatepuca, que luego le habían de venir a dar guerra, según el concierto tenían entre ellos hecho y todo lo demás, que lo supo de un papa y de dos principales y de otros mexicanos. E Cortés le dijo: «Pues hanme dicho que le demandaron licencia para hacer el areito y baile». Dijo que ansí era verdad e que fue por tomarles descuidados, e que, porque temiesen y no viniesen a dalle guerra, que por esto

se adelantó a dar en ellos. Y desque aquello Cortés le oyó, le dijo muy enojado que era muy mal hecho e gran desatino, e que plugiera a Dios que el Montezuma se hubiera soltado [...] (Díaz del Castillo, t. I, 2014:460-461).

El enojo de Cortés no fue sólo hacia Alvarado, sino que la emprendió contra Moctezuma, pues los españoles no recibían nada de comer y el mercado había cesado sus actividades, por lo que la situación se tornaba crítica, máxime que las tropas de Cortés habían aumentado con los soldados de Narváez. En ese momento el tlatoani le pide a Cortés que lo vaya a ver para hablar con él, pero la respuesta áspera del capitán no se deja esperar, y dice «Vaya para perro, que aún tianguez [mercado] no quiere hacer, ni de comer no nos manda dar». Y continuó diciendo «¿Qué cumplimiento he yo de tener con un perro que se hacía con Narváez secretamente, e agora veis que aun de comer no nos da?».

Tomemos en consideración el ánimo del capitán español, ya que más adelante volveremos sobre ello. Mientras esto ocurría, los ataques mexicas aumentaban y leemos en Bernal cómo se vivían aquellos momentos:

> Y estaban tantos guerreros sobre nosotros, que el Diego de Ordás, que se venía retrayendo, no podía llegar a los aposentos por la mucha guerra que le daban, unos por detrás y otros por delante y otros desde las azoteas. Pues quizá aprovechaba mucho nuestros tiros ni escopetas ni ballestas ni lanzas ni estovadas que les dábamos, ni nuestro buen pelear, que aunque les matábamos y heríamos muchos dellos, por las puntas de las espadas y lanzas

se nos metían; con todo esto, cerraban sus escuadrones, y no perdían punto de su buen pelear, ni les podíamos apartar de nosotros (Díaz del Castillo, t. I, 2014:465-466).

Así la situación, los sitiados acuerdan escapar de aquel acoso. En un intento desesperado, Cortés pide a Moctezuma que se asome en lo alto del palacio de Axayácatl para calmar a las fuerzas mexicas. Dice el cronista soldado:

> E viendo todo esto, acordó Cortés que el gran Montezuma les hablase desde una azotea y les dijese que cesasen las guerras, e que nos queríamos ir de su cibdad. Y cuando al gran Montezuma se lo fueron a decir de parte de Cortés, dicen que dijo con gran dolor: «¿Qué quiere ya de mi Malinche? [Así llamaban a Cortés], Que yo no deseo vivir ni oílle, pues en tal estado por su causa mi ventura me ha traído». Y no quiso venir, y aun dicen que dijo que ya no le quería ver ni oír a él ni a sus falsas palabras ni promesas e mentiras. E fue el padre de la Merced e Cristóbal de Olí y le hablaron con mucho acato y palabras muy amorosas. E dijo el Montezuma: «Yo tengo creído que no aprovecharé cosa ninguna para que cese la guerra, porque ya tienen alzado otro señor e han propuesto de no os dejar salir de aquí con la vida, e, ansí, creo que todos vosotros habéis de morir» (Díaz del Castillo, t. I, 2014:472).

Es importante comentar que, como dice Moctezuma, para ese momento los mexicas habían elegido a otro tlatoani ante la imposibilidad de que su señor pudiera ejercer autoridad alguna. El elegido fue un hermano de Moctezuma, Cuitláhuac, señor de Iztapalapa, quien ahora estaba al mando de las fuerzas mexicas. Según relata Bernal Díaz, al parecer convencieron a Moctezuma de asomarse para calmar los ánimos de los aguerridos combatientes. Aquí está su versión de los hechos:

> [...] Montezuma se puso a un petril de una azotea con muchos de nuestros soldados que le guardaban y les comenzó a hablar con palabras muy amorosas que dejasen la guerra e que nos iríamos de México. Y muchos principales y capitanes mexicanos bien le conoscieron y luego mandaron que callasen sus gentes y no tirasen varas ni piedras ni flechas, y cuatro dellos se llegaron en parte que el Montezuma les podía hablar, y ellos a él, y llorando le dijeron: «¡Oh , señor e nuestro gran señor, y cómo nos pesa de todo vuestro mal y daño y de vuestros hijos y parientes! Hacemos os saber que ya hemos levantado a un vuestro pariente por señor» [...] Y más dijeron: que la guerra que la habían de acabar e que tenían prometido a sus ídolos de no la dejar hasta que todos nosotros muriésemos, y que rogaban cada día a su Huichilobos y a Tecaztepuca que le guardase libre y sano de nuestro poder. E como saliese, como deseaban, que no le dejarían de tener muy mejor que de antes por señor, y que les perdonasen. Y no hobieron bien acabado el razonamiento, cuando en aquella sazón tiran tanta piedra y vara, que los nuestros que le arrodelaban, desque vieron que entre tanto que hablaba con ellos no daban guerra, se descuidaron un momento de le rodelar de presto, y le dieron tres pedradas, una en la cabeza y otra en un brazo y otra en una pierna, y puesto que le rogaban se curase y comiese, y le decían sobre ello buenas palabras, no quiso, antes, cuando no nos catamos, vinieron a decir que era muerto (Díaz del Castillo, t. I, 2014:472-473).

Hernán Cortés también da su versión de los hechos en su segunda carta de Relación, aunque es importante advertir que, a diferencia de lo relatado por Díaz del Castillo, dice que fue el tlatoani quien quiso salir a apaciguar a los exaltados mexicas. ¿Miente el capitán general para evadir responsabilidades? Éstas son sus palabras:

> Y el dicho Muteczuma [...] dijo que le sacasen a las azoteas de la fortaleza, y que él hablaría a los capitanes de aquella gente, y les haría que cesase la guerra. E yo lo hice sacar, y en llegando a un pretil que salía fuera de la fortaleza, queriendo hablar a la gente que por allí combatía, le dieron una pedrada los suyos en la cabeza, tan grande, que de allí a tres días murió; e yo le fice sacar así muerto a dos indios de los que estaban presos, e a cuestas lo llevaron a la gente, y no sé lo que dél se hicieron (Cortés, s/f:233).

Otras fuentes españolas avalan la versión de la pedrada, aunque hay el decir de otro soldado cronista después convertido en fraile, Francisco Aguilar, testigo de lo acontecido, que señala que la pedrada fue la causa de la muerte del tlatoani, pero añade que los otros mandatarios aztecas prisioneros fueron asesinados por orden de Cortés.

Algunas fuentes históricas indígenas relatan una versión diferente. Es el caso de la *Crónica mexicáyotl,* escrita por Fernando Alvarado Tezozómoc, de estirpe indígena, en la que leemos: «En el año 2-pedernal, "1520 años", fue cuando murió el señor Moteuczoma Xocoyotl, rey de Tenochtitlan, hijo de Axayacatzin; reinó diez y nueve años; a los tres los mataron los españoles» (Alvarado Tezozómoc,

1975:149). Otro dato más lo tenemos en las *Relaciones de Chalco-Amaquemecan* de Francisco de San Antón Chimalpahin. Dice así: «En el mes de Tecuilhuitontli, los españoles dieron muerte al Moteuhcmatzin, haciéndolo estrangular y después de eso huyeron aprovechando las sombras de la noche» (Chimalpahin, 1965:236). El *Códice Moctezuma* muestra una lámina en la se aprecia el palacio de Axayácatl y en la azotea del mismo se ve a Moctezuma que porta en su cabeza la diadema real y detrás de él está un español que lo sujeta con una cuerda atada al cuello. Frente a la imagen se ve a un personaje tirado con una espada clavada en el pecho, posiblemente el mismo Moctezuma. Por otro lado, en el *Códice Florentino* de fray Bernardino de Sahagún (libro XII, folio 40 v.), hay una imagen en la que se observan los cadáveres de Moctezuma y del señor de Tlatelolco Itzcuauhtzin siendo arrojados a un canal.

Las versiones discrepan acerca de lo sucedido. Sin embargo, atendiendo a los momentos que se viven en aquellos días, es evidente la desesperación que acompaña a los españoles y en especial a Cortés, pues vivían momentos de gran peligro y temían por sus vidas. El enojo e incertidumbre que pesa sobre el capitán general y otros de sus allegados se deja ver en el relato de Bernal Díaz. Pero algo muy importante que no podemos pasar por alto es que, en el instante en que se sabe que Moctezuma ya ha sido desplazado como tlatoani y se pone en su lugar a Cuitláhuac, ya no tenía poder ninguno, lo que se confirma con la arenga a sus gentes que no son tomadas en consideración. Desde ese momento la suerte del gobernante estaba echada: ya no era útil para los intereses españoles y más bien se convertía en una carga, máxime que ya fraguaban la huida del lugar.

En relación a la fecha en que fue muerto el tlatoani también hay diversas propuestas, aunque parece ser que tal hecho ocurrió el 29 de junio de 1520. Poco después los españoles y sus aliados emprendían la fuga. Lo que sigue lo conocemos: los españoles tratan de escapar por la calzada de Tacuba y escogen salir de noche para no ser descubiertos. Pese al sigilo, los mexicas se dan cuenta y el ataque no se hace esperar. Tanto por tierra como por agua son atacados y la retaguardia es prácticamente desbaratada. Pierden armamento, caballos, oro y especialmente gentes, tanto españoles como aliados indígenas. El resto del ejército logra huir y es perseguido por las fuerzas mexicas de Cuitláhuac. Finalmente, Cortés y sus hombres logran llegar a Tlaxcala, en donde preparan el ataque a Tenochtitlan. Cortés había ordenado hacer 13 bergantines para asediar la ciudad de Tenochtitlan, ya que planeaba atacar tanto por tierra como por el lago. Lo acompañarán grandes contingentes de indígenas que ven llegada la hora de deshacerse de quienes los habían tenido sometidos o en peligro constante de ser atacados. Todo llegará a su fin el 13 de agosto de 1521. En aquella fecha, las fuerzas mexicas se habían replegado hacia la ciudad vecina de Tlatelolco, lugar de la última resistencia. Al mando de ejército estaba el joven Cuauhtémoc, ya que Cuitláhuac había muerto por la peste de viruela que había causado estragos entre los mexicas. Resistir era inútil. La batalla se inclinaba a favor de los españoles y los miles y miles de contingentes indígenas enemigos de Tenochtitlan.

Aquel 13 de agosto Cuauhtémoc es hecho prisionero. Llevado ante el capitán Cortés, el joven tlatoani se va a dirigir con valentía y le dice: «Señor Malinche, ya he hecho lo que soy obligado en defensa de mi ciudad, y no puedo más, y pues vengo por fuerza y preso ante tu persona y poder, toma ese puñal que tienes en la cintura y mátame luego con él». Las palabras no son entendidas por el capitán español quien lo perdona. El último tlatoani no logra realizar su deseo de ser sacrificado, pues eso es lo que pide a Cortés, que lo sacrifique como corresponde a los guerreros capturados en combate para de esa manera acompañar al sol —Huitzilopochtli— cada mañana desde el orto hasta el mediodía.

Desde aquel momento, nuevos dioses y hombres vendrían a establecerse en su ciudad. Su destino estaba marcado…

V

Moctezuma después de su muerte

Lograda la conquista de los mexicas el 13 de agosto de 1521 entró el aparato ideológico para imponer una nueva religión. Para ello se usaron diversos medios, como construir capillas abiertas en las fachadas de iglesias y conventos frente a grandes atrios o plazas, ya que los indígenas no estaban acostumbrados a entrar a sus templos, esto sólo lo hacían los sacerdotes. De ahí que en las principales ciudades prehispánicas había enormes plazas en la que los fieles participaban, pero nunca en el interior de los templos. De esta manera se lograba dar la misa, decir sermones y todo aquello que ayudaba a la evangelización. Otro medio fue el representar danzas de moros y cristianos, traídas desde España, adaptadas al nuevo medio en las que al final de las mismas los cristianos alcanzaban el triunfo sobre sus enemigos paganos. Tanto en España como en México y otros países de América se siguen representando en diversas poblaciones y en el caso de nuestro país vemos variantes como las danzas de la Conquista, o la de los doce pares de Francia y otras más.

En su estudio sobre el teatro en la América colonial, Pedro Henríquez Ureña menciona lo siguiente: «Y en esos pueblos he visto, sobre tablados de tipo medieval, en las plazas, danzas de moros y cristianos o de la conquista de América [...]». En la Sierra del Perú se ve todavía entre los indios la danza coral de la prisión y muerte de Atahualpa. Hasta en las Antillas, en la ciudad de Santo Domingo, sobrevivió hasta 1900 una danza tradicional sobre la conquista de México, la danza de los Moctezumas (Henríquez Ureña, 1960:712, citado por Matos, 2018).

Esto último resulta interesante, ya que, siendo niño, fui a la representación de una danza de los Montezumas en la república de Panamá. Se bailaba en algunas poblaciones el día de Corpus Christi y el libreto lo publiqué años después y en él incluí muchos de los datos que ahora expongo (Matos, 1967; 2018). Esta danza es interesante, ya que culmina con la intención de llevar a Montezuma a España. Veamos algunos diálogos:

Coro indio:
Adiós Montezuma,
a Europa te vas,
y ya no te veremos
en la vida más.
Montezuma:
Quítenme los grillos,
que muriendo estoy,
y si me los quitan
un tesoro doy.
Coro indio:
Adiós Montezuma, etcétera.

Cortés:

Quítenle los grillos.
denle libertad,
que reine en España
hoy la caridad.

Coro español:

Victoria, victoria,
soldados de España
que ya se dio este Rey
de grandeza y fama.

También di a conocer otra danza que se baila en El Salvador y que lleva por título *La historia de Montizuma, indio mejicano, y Hernán Cortés, español* (Matos, 1979; 1981). Me fue proporcionada por la antropóloga Concepción Luna Clara, quien me comentó que se danza en las fiestas patronales del pueblo de Conchagua, Departamento de la Unión, en el extremo oriental de El Salvador. No es muy diferente a otras representaciones: dos bandos de indios y españoles; embajadas de un lado y de otro; diálogos acompañados de música, con la particularidad de que, cuando intervine alguien del grupo español, se acompaña con música de cajas, en tanto si se trata de alguien del grupo indígena, se acompaña con música de cuerdas. La representación termina cuando apresan a Moctezuma y lo quieren llevar a España, tal como acontece con la danza de Panamá, pero interviene Guatemus (Cuauhtémoc) y mata al tlatoani. Cortés exclama:

> Válgame el cielo divino:
> ¿quién ha sido este homicidio
> que ha causado tan gran suceso?
> Y al saberlo yo me vengaría
> dividiéndole el pescuezo.

Este final alude a la versión de que fueron los mexicas quienes mataron a Moctezuma cuando Cortés le pide que se asome en lo alto del palacio para calmar a los exaltados mexicas y le arrojan piedras y varas, causándole la muerte. Tal hecho se le atribuye a Cuauhtémoc en versiones posteriores.

Sin embargo, interesante resultan las óperas en el siglo XVIII, en las que el personaje principal es Moctezuma. Es el caso de aquella de la que he escrito lo siguiente:

> El 14 de noviembre de 1733 se presentó por primera vez en el Teatro Sant'Angelo de Venecia la ópera en tres actos *Motezuma*, con música de Antonio Vivaldi y libreto de Girolamo Giusti. La ópera, en italiano, está inspirada en la *Historia de la Conquista de México* de Antonio de Solís, obra que había sido publicada en 1684 en Madrid [...] y en la que la figura de Cortés es sublimada por el autor (Matos, 2018:85).

El final de la representación no deja de ser dramático. Moctezuma ve perdido su reino, pero acepta las verdades de los dioses cristianos. El amor triunfa. Así lo expresa el canto:

Motezuma:

Ne vostri Dei gran veritá
si scorge cade il Messico
é ver; ma poi risorge.

Coro:

Himeneo, che sei d´amori,
Dolce ardor, nodo inmortale
Per la copia alma, e Reale,
Stringi l´alma, e annoda i cori.

Motezuma:

Se ven en vuestros dioses grandes verdades,
México cae,
es verdad; y después renace.

Coro:

Himeneo, tú que eres del amor.
el dulce ardor, el nudo inmortal.
Para esta pareja noble y real,
une las almas y encadena los corazones (Matos, 2018).

Otro ejemplo interesante es el de Federico II de Prusia. Preparó un libreto de la ópera *Moctezuma* en tres actos con música de Carl Heinrich Graun. La obra se presentó en Berlín en 1755 y se dice que en ella el emperador se identificó con Moctezuma y se presentaba a Cortés como un hombre cruel. En 2010 se representó en el Teatro Real de Madrid.

Lo revelador de lo que hemos mencionado es que por ningún lugar aparece la figura de Cuauhtémoc. El joven tlatoani va a rescatarse después de la independencia de México en 1821 como el héroe que se opuso a la conquista peninsular. Esto tiene una razón: la lucha independentista se había dado contra España después de trescientos años de colonia, por lo que se buscaba un símbolo que uniera al México independiente con su pasado indígena, destruido por los españoles. La figura de Cuauhtémoc y el símbolo de la ciudad mexica de Tenochtitlan —el águila parada sobre el nopal— venían a cuento para representar al naciente país.

En cuanto a las imágenes que representan la figura del tlatoani, tenemos aquellas que se pintaron en códices del siglo XVI, en las que se le identifica por el glifo que porta. Son los casos del *Códice Mendocino*, el *Códice Durán*, el *Telleriano Remensis*, el *Aubin* y otros. Su figura de cuerpo entero se ve en la escultura conocida como *Teocalli de la Guerra Sagrada*. Está de pie junto a una representación del sol y del otro lado está el dios Huitzilopochtli. En otra piedra está practicando autosacrificio y su figura fue tallada en una peña en Chapultepec. En varias ocasiones sólo se le representa por su glifo. Por otro lado, lo vemos en pinturas, como la muy conocida de la galería Degli Argenti, en Florencia. Allí aparece de pie y ricamente ataviado. El cuadro es de finales del siglo XVII. De este mismo siglo son los diversos biombos que existen pintados con escenas de la conquista. Varias imágenes tenemos en grabados y otras técnicas hechas en Europa, aunque hay que aclarar que todas ellas son obra de la imaginación de los autores, ya que, salvo las descripciones que hacen algunos cronistas, no tenemos la figura exacta del gobernante.

Un dato a todas luces curioso es que la imagen de cuerpo entero del tlatoani mexica se encuentra en el palacio Real de Madrid. Allí lo vemos en la parte alta de la fachada que da a la plaza de la Armería. Pero no está solo. Al otro lado se encuentra la escultura, también de cuerpo completo, de Atahualpa, último inca. Fue idea de fray Martín Sarmiento el que se colocaran los dos emperadores indígenas en ese lugar, junto a otros reyes españoles. Cosas del destino: los últimos mandatarios de los dos imperios americanos más poderosos a la llegada de los españoles engalanaban el palacio real de quienes los habían conquistado. También en Cáceres, Extremadura, se encuentra el palacio de los descendientes de la nobleza mexica. Recuérdese que la hija de Moctezuma, Tecuichpo, se casa con un capitán español y procrean varios hijos, los que fueron reconocidos por España y se les otorgaron títulos nobiliarios. El palacio puede visitarse y en alguna propaganda turística leemos: «En el interior del palacio es donde mejor se aprecian las influencias llegadas desde el otro extremo del Atlántico. Las dos culturas, continental y azteca, quisieron ser representadas en los frescos que adornan los cuatro salones principales. Así, imágenes de emperadores romanos se suceden con la de reyes mexicanos».

A mayor abundamiento sobre el tema debemos comentar que hacia el año de 1700 gobernaba como virrey de la Nueva España el señor don José de Sarmiento Valladares, conde de Moctezuma, quien había contraído nupcias con doña Jerónima de Moctezuma. Los títulos y descendientes de los Moctezuma aún se encuentran en España. En México, hay algunas familias que llevamos el apellido de Moctezuma.

En los festejos que se hicieron en México con motivo del centenario de la independencia en 1910, el presidente Porfirio Díaz ordenó llevar a cabo buen número de actividades entre las que se encontraba un desfile para recordar los distintos sucesos históricos. Comenzaba con la participación de indígenas mexicas, tlaxcaltecas y otros más; le seguía Hernán Cortés y algunos de sus capitanes a caballo y tras ellos el general Iturbide como líder del ejército insurgente que había alcanzado la victoria en contra de España. Lo interesante del caso es que en algún momento se ve a Moctezuma sentado en un trono encima de un palanquín cargado por varios indios. La filmación del desfile quedó grabada en una película de por si importante.

En el año 2009 llevamos a cabo una exposición en el British Museum de Londres sobre la figura de Moctezuma. El Museo había organizado varias exposiciones dedicadas a dirigentes importantes, como Adriano y Shah Abbas. En esta ocasión tocó el turno a Moctezuma. El doctor Leonardo López Luján, Felipe Solís y el que escribe nos dimos a la tarea de coordinar la exhibición que llevó por título *Moctezuma, Aztec Ruler* y se elaboró el catálogo correspondiente (McEwan y López Luján, 2009). Después la exposición pasó a México y se exhibió exitosamente en el Museo del Templo Mayor. Era una manera de recordar al tlatoani al que la historia le había cerrado las puertas...

Son varios los autores que han escrito biografías tanto de Cortés como de Moctezuma. Destacan entre ellos, en el caso del primero, la de José Luis Martínez (1988) y en el caso de Moctezuma la de Michel Graulich (1994). También tenemos la de Germán Vázquez Chamorro (1987) y algunas noveladas como la de Francisco Monterde (1983). El tlatoani es mencionado en muchas otras obras, pero las citadas atañen a la figura del gobernante.

Actualmente en México, Moctezuma no es motivo de alabanzas ni se le recuerda en ceremonias laudatorias. Más bien se le tilda de haber sido un hombre débil ante los conquistadores. Sin embargo, no fue así. Trató por diversos medios de alejar a los extranjeros, pero no lo consiguió. Fue hecho prisionero y finalmente murió en manos de sus enemigos.

Termino con las mismas palabras con las que comencé este ensayo: «A lo largo de la historia encontramos personajes que fueron marcados por el infortunio. Moctezuma Xocoyotzin fue uno de ellos…».

Bibliografía

Alvarado Tezozómoc, Fernando, *Crónica mexicáyotl*, UNAM, México, 1975.

—, *Crónica mexicana*, Porrúa, México, 1980.

Anónimo de Tlatelolco. Relato de la Conquista (traducción de Ángel María Garibay), UNAM, Colección Pequeños Grandes Ensayos, México, 2006.

Barlow, Robert, *Obras de Robert H. Barlow*, Jesús Monjarás-Ruiz *et al.* (eds.), 6 tomos, México, 1995.

Batalla Rosado, Juan José, «Prisión y muerte de Motecuhzoma, según el relato de los códices mesoamericanos», *Revista Española de Antropología Americana*, vol. 26, Madrid, 1996.

Códice Florentino, edición facsimilar, 3 vols., México, 1979.

Códice Mendocino, Frances Berdan y Patricia Anawalt, *Codex Mendoza*, facsímile edition, 4 vols., Berkeley, 1992.

Códice Telleriano Remensis. Ritual, Divination, and History in a Pictorial Aztec Manuscript, Eloise Quiñones Keber (ed.), Austin, 1995.

Chimalpahin Cuautlehuanitzin, Francisco de San Antón Muñón, *Relaciones originales de Chalco-Amequemecan,* FCE, México, 1965.

Cortés, Hernán, *Cartas de Relación de la Conquista de América*, Editorial Nueva España, Colección Atenea, México, s/f.

Díaz del Castillo, Bernal, *Historia verdadera de la Conquista de la Nueva España*, 2 tomos, Academia Mexicana de la Lengua, México, 2014.

Durán, fray Diego, *Historia de los Indios de la Nueva España y islas de la Tierra Firme*, Editorial Nacional, México, 1951.

Graulich, Michel, *Montezuma ou l'apogée et la chute de l'empire aztéque*, París, 1994.

—, «Motecuhzoma Xocoyotzin, un gran reformador», *Arqueología Mexicana*, núm. 51, vol. IX, septiembre-octubre, México, 2001.

Henríquez Ureña, Pedro, «El teatro en la América española durante la época colonial», en Matos Moctezuma, Eduardo, «La Danza de los Montezumas», *Anales del INAH*, tomo XVIII, México, 1967.

—, en Eduardo Matos Moctezuma, *Estudios de Cultura Popular*, Instituto Nacional Indigenista, México, 1981.

McEwan, Colin y Leonardo López Luján, *Moctezuma, Aztec Ruler*, British Museum Press, Londres, 2009.

Martínez, José Luis, *Hernán Cortés*, México, 1988.

Matos Moctezuma, Eduardo, «La Danza de los Montezumas», *Anales del INAH*, tomo XVIII, México, 1967. Se incluyó el texto junto con otro procedente de El Salvador titulado «La Historia de Montizuma, indio mejicano, y Hernán Cortés, español», en Eduardo Matos Moctezuma, *Estudios de Cultura Popular*, Instituto Nacional Indigenista, México, 1981.

—, «¿Cuántas óperas *Moctezuma* tuvieron como protagonista al emperador mexica?», en Eduardo Matos Moctezuma,

Mentiras y verdades en la arqueología mexicana, Raíces/INAH, pp. 85-87, México, 2018.
—, «La Conquista de México», *Arqueología Mexicana,* número especial 93, octubre, México, 2020.
—, «Cimientos sagrados, Chapultepec prehispánico», *El Bosque de Chapultepec*, Fideicomiso Pro Bosque de Chapultepec, pp. 13-24, México, 2021a.
—, *Tenochtitlan*, El Colegio de México/FCE, México, 2021b. (Quinta reimpresión).
—, *Tlatelolco*, FCE/El Colegio de México, México, 2021c.
Matos Moctezuma, Eduardo y Luis Millones, *Mexicas e incas*, Universidad Nacional Mayor de San Marcos, Perú, 2018.
Monterde, Francisco, *Moctezuma, el de la silla de oro*, Miguel Ángel Porrúa, México, 1983.
Sahagún, fray Bernardino, *Historia de las cosas de la Nueva España*, 4 tomos, Porrúa, México, 1956.
Uchmany, Eva, *Motecuhzoma II Xocoyotzin y la conquista de México*, México, 1972.
Vázquez Chamorro, Germán, *Moctezuma*, Historia 16 Quorum, Madrid, 1987.

MOCTEZUMA

1. Moctezuma recibe la diadema o *xiuhuitzolli*, símbolo de poder. *Códice Durán*, Biblioteca Nacional de Madrid.

2. Moctezuma observa desde su palacio el cometa, uno de los presagios funestos. *Códice Durán*, Biblioteca Nacional de Madrid.

3. El tlatoani Moctezuma y, frente a él, el símbolo de la ciudad de Tenochtitlan: el escudo o *chimalli* con dardos. *Códice Mendocino*.

4. Moctezuma practica el autosacrificio con un punzón en su mano. Escultura en piedra, Museo Nacional de Antropología.

5. Imagen de Moctezuma grabada en el Teocalli de la Guerra Sagrada, escultura en piedra que representa un templo. Museo Nacional de Antropología.

6. Moctezuma en un grabado en cobre de André Thevet, 1584, París.

7. *El monarca Montezuma*, óleo sobre tela, *circa* 1700, 1.85 x 100 cm.

8. Retrato de Moctezuma, óleo sobre tela atribuido a Antonio Rodríguez, siglo XVII, Museo degli Argenti, Florencia, 1.85 x 1.60 cm.

9. Escultura de Moctezuma en el Palacio Real de Madrid.

10. Un soldado español coloca grilletes a Moctezuma, *Códice Florentino*, fol. 56r, Biblioteca Medicea Laurenziana, Florencia.

11. Cadáver de Moctezuma arrojado a un canal, *Códice Florentino*, fol. 40v, Biblioteca Medicea Laurenziana, Florencia.

12. Incineración del cadáver de Moctezuma, *Códice Florentino*, fol. 41r, Biblioteca Medicea Laurenziana, Florencia.

Atahualpa

LUIS MILLONES SANTA GADEA

Introducción

Dada la condición de ser los dos únicos Estados imperiales del Nuevo Mundo precolombino, la tarea de compararlos ha recibido el interés de los intelectuales desde el siglo XVI. En términos generales, la tentación por hacerlo tenía incentivos obvios: incas y mexicas habían logrado articular sistemas de gobierno que eran eficaces para conseguir el respeto o temor de las comunidades independientes o reunidas en grupos de dos o tres que les eran vecinas, también de aquellas que constituían confederaciones o Estados de mayor población u organización política más compacta, cercanos o distantes, que pudieran haber competido con ellos.

Más allá de la amenaza militar, los imperios indígenas habían logrado difundir patrones de conducta que identificaba su presencia en los lugares donde había llegado su influencia. Comportamientos que iban desde sus alimentos: plantas o animales domesticados, hasta el empleo de sus idiomas: náhuatl de los mexicas y quechua de los incas, como «lengua franca» a lo largo de sus respectivos dominios.

En los dos Estados se habían construido aparatos administrativos que aseguraban el intercambio de productos y servicios de las regiones dominadas, que hacían posible la existencia de una clase privilegiada en México-Tenochtitlan y en el Cusco, capaz de ejercer su poder en la totalidad de los territorios bajo su control.

El alcance de esta situación fue, en ambos casos, el resultado de un largo proceso de desarrollo, con espacios de retroceso y avance, que matizaron historias muy diferentes, que transcurrieron en contextos físicos tan distintos como pueden ser la meseta en que se asienta el Cusco, o bien las islas del lago Texcoco.

Acercarnos a este doble proceso tiene dificultades equiparables a las tentaciones que nos empujan a estudiar su desarrollo histórico. Pero hay que tener en cuenta que fuentes arqueológicas, históricas y etnológicas de las dos sociedades no pueden ser más desproporcionadas. La existencia de códices precolombinos, mayas y aztecas, a pesar de su pequeña cantidad, son una invalorable presencia, a lo que hay que sumar los códices coloniales, que agregan a sus dibujos los textos escritos en náhuatl y español, lo que ofrece a sus estudiosos la posibilidad de conocer de fuente directa testimonios indígenas desde antes del arribo de Cortés. Los kipus andinos no son una forma de escritura, son materiales (cordones coloridos con nudos) que sirvieron de apoyo mnemotécnico a las versiones orales aprobadas por las autoridades que les eran contemporáneas. Su utilidad, compartida con otros instrumentos, fue mayor para la contabilidad, sin que descartemos otras interpretaciones que todavía siguen surgiendo.

El resultado de esta situación deja al historiador de los Andes con la información consignada en las crónicas españolas, y las deducciones que puedan hacerse de la arqueología y de la etnografía contemporánea. La contribución escrita de cronistas indígenas ya cristianizados y con textos en español se reduce a Juan de Santa Cruz Pachacuti Yamqui Salcamaygua (¿1613?), Phelipe Guamán Poma de Ayala (1613) y al Inca Garcilaso de la Vega (1615).

Otra desventaja en el caso andino nace del caos político que se desató luego del asesinato de Francisco Pizarro, que convirtió la región en una zona de guerra que siguió a la conquista, haciendo difícil la organización del virreinato hasta 1569, con el arribo de su quinto gobernante, que fue Francisco de Toledo. Las distancias cronológicas que van desde la conquista de Nueva España a la del Perú es de trece o catorce años, pero mientras las condiciones del gobierno español se constituyeron sin enfrentamientos militares entre Hernán Cortés y la Corona española, el ingreso de la administración colonial en la región andina debió superar, con encuentros armados, las varias veces en que los encomenderos cuestionaron las decisiones del gobierno español con respecto a sus «derechos» sobre las riquezas halladas y los servicios de las poblaciones indígenas. El primer virrey, Blasco Núñez de Vela, y el primer arzobispo del Cusco, Vicente de Valverde, murieron en esas contiendas o escapando de ellas.

Una mirada al Tawantinsuyu aun antes de la llegada de los españoles tampoco nos asegura la capacidad de fuentes para estudiar la historia andina con la precisión que nos ofrece el universo mesoamericano. No se trata solamente de la ausencia de escritura, leyendo las crónicas del gobierno de los incas se nos ofrece, casi invariablemente, que un suceso definitivo en la formación del imperio fue la «guerra de los chancas», un Estado o confederación cuyo origen mítico fue la laguna de Choclococha (distritos de Santa Ana y Pilpichaca, provincias de Castrovirreyna y Huaytará, departamento de Huancavelica). Los cronistas nos relatan que los chancas estuvieron a punto de vencer a los incas, pero la intervención del Sol, padre divino de los Incas, hizo posible que el joven Pachacuti Inca Yupanqui asumiera el gobierno del Cusco, desplazando al gobernante anterior, y derrotase a los invasores (Cabello de Valboa, 1951:299-305; Cieza de León, 1988:129-136; Betanzos, 2004:68-81; Sarmiento de Gamboa, 2012:377-389; etcétera). La arqueología contemporánea hace que esta información documental sea poco creíble como documento del pasado. Los chancas tuvieron como espacio de asentamiento la provincia de Andahuaylas, en el departamento de Apurímac, y su organización política no pasó de ser una modesta agrupación social que cayó bajo el control del Estado wari de 800-1000 d. C., se desarrolló independiente de 1000 a 1400 d. C., fecha en que fueron vencidos y ocupados por los incas, hasta la conquista española (Bauer, 2013:113-138).

Lo más probable fue que el relato de los chancas fuera parte de la historia legendaria, que los incas rehacían cada vez que se alzaba un nuevo emperador, salvo que el sucesor decidiese que era heredero de una tradición que valía la pena conservar.

La naturaleza de este libro nos obliga a usar testimonios de la época precolombina y de los primeros años de la dominación europea, pero centrando nuestra atención en líderes indígenas que como Moctezuma o Atahualpa tuvieron la oportunidad de presenciar la desgracia de sus pueblos. Lo que también nos muestra la deficiente información con que se cuenta en el mundo andino, mientras hay consenso con respecto a la lista de gobernantes y fechas de acceso y fin de su período en México-Tenochtitlan. Para estudiar a Atahualpa, las dudas se inician desde el lugar de su nacimiento y la identificación de su madre. Y en cambio es posible determinar el tiempo que el tlatoani mexica estuvo en el poder concluyendo una larga lista de monarcas que se inicia con Acamapichtli (1375-1395) y culmina con el propio Moctezuma, muerto en prisión, luego de haber ejercido el poder durante los años de 1502 a 1520 (Graulich, 2014:45).

Tratar las dificultades de información sobre Atahualpa es una tarea que se multiplica porque su intento de reinado sólo puede explicarse a través de las biografías o fragmentos de ellas que conocemos, a partir de la vida de Huayna Cápac, padre de los dos pretendientes al trono, y lo poco que sabemos de la biografía de Huáscar, hermano y rival de Atahualpa. Las fuentes más características, los cronistas Garcilaso de la Vega, que hace visible su favoritismo por Huáscar, y Juan de Betanzos, quien toma partido decidido por Atahualpa; por lo que hay que manejar cuidadosamente sus relatos, sumando o restando los testimonios de otros cronistas. Sin descartar las opiniones de quienes tuvieron la oportunidad de alternar con testigos confiables y de observar el comportamiento de sus súbditos, familiares y observadores ocasionales y seguir de cerca sus esperanzas y desencantos en el tránsito doloroso del poder total a la muerte miserable.

La controversia por ser el Inca que sucede a Huayna Cápac ocupó el centro de todas las noticias que nos proporcionan los cronistas hasta la llegada de los españoles, poniendo una niebla informativa sobre los años de niñez, adolescencia y juventud de Huáscar y Atahualpa. Que se hace notable con respecto a ceremonias básicas para los nobles cusqueños como la imposición de sus nombres, siempre cambiantes en la tradición andina, que usaron en las primeras etapas de su vida, o su éxito o pobre desempeño en el warachikuy o waraku, ritual que se supone que ponía en juego la capacidad de los jóvenes, dramatizando el paso a la adultez de la nobleza incaica.

El empleo casi exclusivo de las fuentes en español agrega una dificultad más al enfrentar la historia tradicional; los cronistas trascribieron no solo las palabras en quechua y otros idiomas nativos que se hablaban en el Tawantinsuyu, les atribuyeron los sentidos que le proporcionaba la cultura hispánica. Aplicando a la sociedad andina los conceptos legales y morales vigentes en ese momento (siglo XVI) en España. Esto quiere decir, por ejemplo, que los hijos eran calificados por el bautismo cristiano, como legítimos o bastardos, o que las relaciones entre hombre y mujer eran legales, por el matrimonio; la relación sin estos sacramentos los colocaba fuera de la ley. El tema no era simplemente la legalidad, España no hacía mucho tiempo había llevado a cabo guerras que la colocaba como el más alto valor de la Iglesia católica, tanto es así que fue el papa Alejandro VI, quien definió a su favor el control político de los Reyes Católicos sobre gran parte de las Américas.

Un resultado de esta relación fue la necesaria conversión al catolicismo de todos los pueblos conquistados y la interpretación de que todo acto, ceremonia o expresión oral o escrita ajenos a la religión oficial era considerada expresión del demonio, cuya vitalidad en las Américas se aseguraba haber precedido a la llegada de España. La interpretación de la conducta y vocabulario indígenas llevaron consigo esta descalificación e introdujo al clero en el centro del proceso de dominación.

Atahualpa aceptó ser bautizado antes de que se cumpliese la sentencia de su muerte. Las razones de esta conversión se explican a través de la necesidad de evitar que su cuerpo fuese quemado por ser «infiel». El sacramento católico hizo posible que su cuerpo se mantuviese completo, como lo exigía a los nobles incaicos la religión que practicaban, con la esperanza de que ceremonias posteriores, ajenas a los invasores y estrictamente andinas, llevasen al Inca más allá de la muerte. El cadáver fue robado de la sepultura, y partió a Quito, muy poco después de su entierro cristiano.

I
Los primeros años

Es difícil hallar un cronista que ofrezca información sobre los primeros años de nuestros protagonistas, con las dificultades del caso, podemos deducirlas del comportamiento de la clase noble incaica, con sus hijos:

> Guascar era hijo de Guaynacava y Atabalipa también. Guascar era de menos días, Atabalipa de más años; Guascar hijo de la Coya, hermana de su padre, señora principal; Atabalipa hijo de una india quilaco, llamada Tutu Palla. El uno y el otro nacieron en el Cuzco y no en Quito, como algunos han dicho y an escrito para esto, sin lo aver entendido como ello es. La razón lo muestra porque Guaynacava estaba en la conquista de Quito y por aquellas tierras aún no doze años y era Atabalipa quando murió de más de treynta años; y señora de Quito, para decir lo que inventan que era su madre, no avía ninguna porque los mismos Yngas eran reyes y señores de Quito; y Guascar nació en Cuzco y Atabalipa era quatro o cinco años de más hedad que él. Y esto es lo cierto y yo lo creo, Guascar era querido en el Cuzco y en todo el reyno por los naturales por ser heredero de derecho; Atabalipa era bien quisto de los capitanes viejo de su padre y de los soldados, porque anduvo en la guerra en su niñez y porque él

> [Huayna Cápac] en vida le mostró tanto amor que no le dexaba comer otra cosa que lo que él dava de su plato (Cieza de León, 1983:segunda parte, 202-220).

Lo que el escritor trata de explicar son las ventajas o desventajas de los dos candidatos a la maskapaicha o emblema de poder, que coronaba al vencedor como emperador del Tawantinsuyu. No fue fácil hacerlo, el conocimiento de las características de lo que estaba en juego, desde los espacios territoriales a ser controlados hasta los grupos sociales que lo habitaban, era apenas suficiente como para que el propio Cieza lo entienda. Mucho menor fue su capacidad para conocer las instituciones que habían crecido y transformado la remota aldea originaria de miles de años atrás, en el complejo de edificios del Cusco y las representaciones físicas y mentales del poder incaico. Aun así, es uno de nuestros mejores cronistas, su ordenadísimo texto nos lleva desde el origen de esta civilización, tal como escuchó a sus informantes, hasta el crucial momento que decide narrarnos.

El recuerdo indígena del Inca en el Perú que visualizamos en las comunidades indígenas alude en muchos casos a los nombres de Huáscar y Atahualpa, pero la idea de Inca en los movimientos populares es mucho más general, sin personalizarse necesariamente en los incas mencionados. Vale la pena recordar que el mesianismo del siglo XVI, que tuvo su epicentro en el Taki Onqoy, construyó un universo idealizado en el que no se menciona a ninguno de los Incas, el énfasis de su prédica está dirigido al castigo de los españoles, que serán arrojados al mar, y a los indios cristianizados, convertidos en alpacas y guanacos, para ser precipitados desde la cumbre de las montañas (Millones, 2007:1-19). Siglos más tarde, el movimiento de Lircay, que dirigió Pedro Alanya, lo hizo asumiendo su transformación en el dios andino Illapa, sin presentarse como ninguno de los Incas de la Qapac kuna o relación de emperadores incaicos (*ibidem*:5-7). Lo mismo sucede con las varias apariciones de Incarrí, me refiero a la idea mesiánica desarrollada en tiempos contemporáneos, en torno al Inca (sin especificar nombre alguno), que nos anuncia que de la cabeza cercenada por los españoles tal como pinta Guamán Poma de Ayala (1980:418) volverá a crecer su cuerpo, y regresará para redimir a la población indígena.

Cuando niños, Huáscar y Atahualpa recibieron nombres diferentes a los que ahora conocemos, el recién nacido tenía un nombre que luego se cambiaba en el primer corte de pelo o rutuchikuy. Años más tarde, luego de la ceremonia de paso a la adultez o warachikuy, que aludía al wara o prenda que cubría sus vergüenzas, que se recibía en aquella ocasión, podía recibir otro nombre que podría usar en las experiencias guerreras o profesionales, que satisfacía al noble y su entorno y que permanecían ajenas al hombre común o hatun runa. Estos rituales, como se verá a continuación, tenían relativa validez si el niño era hijo del Inca, que podía alterar su desarrollo y nadie osaría contradecir al monarca. No tenemos la información completa de los dos líderes, pero antes de ser conocido como Huáscar, este príncipe recibió el nombre ceremonial de Topa Cusi Hualpa (Cabello Valboa, 1951:163).

Si Atahualpa fue mayor cuando acompañó a su padre en las conquistas pendientes al norte del Imperio, es de suponer que ya había pasado por las ceremonias mencionadas, y al igual que Huáscar también lo hizo en el Cusco. En su ausencia, el padre de ambos podía encargar a personas de su entorno, nobles experimentados, que cuidasen de sus hijos favoritos. Así debió hacerlo en sus frecuentes salidas al norte del Imperio, espacio de expansión estatal en su última fase, quizá preferido porque el mismo Inca había nacido en Tumibamba, y fue también el lugar donde falleció. Los cronistas recuerdan los nombres de quienes reemplazaban a Huáscar, temporalmente en el gobierno y las ceremonias de importancia en las que, siguiendo su mandato, podían tomar su lugar, fueron ellos Apoc Larquita y Auque Topa Yngan, que eran hermanos de Huayna Cápac, y que el cronista los menciona cuando Huáscar asume el cargo de heredero imperial (Cabello Valboa, 1951:363).

De esta etapa de sus vidas tenemos mejor información de Atahualpa:

> [De regreso] al Cuzco [Huayna Cápac] halló nacido a Atahualpa, su hijo, del cual nacimiento se holgó mucho y hízole una fiesta solemne de este nacimiento. Y después que hubo cumplido un año Ataguialpa, ordenó su padre de que le trasquilasen [cortasen el cabello], porque le hiciesen los señores del Cuzco la fiesta y ofrecimiento que en tal trasquila era su usanza y costumbre de hacer al tal nacido. Y ansí le trasquilaron y le hicieron una fiesta solemne y todos los señores y señoras del Cuzco le ofrecieron sus dones. En esta trasquila le puso su padre por nombre Atahualpa,

> porque habrán de saber que tienen la costumbre que cuando les nace algún hijo, dende a cuatro días que nace le hacen por su nacimiento una fiesta y, dende a un año que nacen, hacen otra, en la cual la trasquila la ofrecen todos los deudos, ansí padre como de madre y otros señores y señoras que a aquella fiesta [le llevan] grandes joyas de oro y plata; y cada uno le ofrece según su posibilidad. Y en esta fecha le ponen un nombre [con] el cual se nombra mientras es muchacho; y siendo grande y de edad para se ordenar, ordénanle con sus ceremonias ya dichas y horadábanle las orejas y allí le ponen el nombre que ha de tener, por donde es conocido de qué linaje es, si es del Cuzco. E ansí de hizo esta fiesta a Atahualpa… (Betanzos, 2004:225).

Aunque el interés de este libro se centra en Atahualpa, mantendré visible los aspectos que podamos usar como comparables de la vida del último de los gobernantes de la Triple Alianza, Moctezuma II, para iluminar por contraste la escasez de nuestra información. Acabamos de exponer lo que sabemos de la niñez de Atahualpa y Huáscar, que compitieron sin fortuna para liderar a los incas. Como una muestra de las distancias entre la propuesta de ambas civilizaciones, queremos poner en pocas líneas lo que la sociedad mexica esperaba de su recién nacido.

> De lo que la partera decía al niño cuando le cortaban el ombligo. Hijo mío muy amado y muy tierno, cata aquí la doctrina que nos dejaron nuestro señor Yoalteicuhtli y la señora Yoalticitl tu padre y madre. De medio de ti corto tu ombligo. Sábete y entiende que no es aquí tu casa donde has nacido porque eres soldado y criado, eres ave que llaman quéchol, eres ave que

llaman zacuan, que eres ave y soldado del que está en todas partes. Pero esta casa donde has nacido no es sino un nido donde has nacido, es una posada donde has llegado. Es tu salida a este mundo. Aquí brotas y aquí floreces, aquí te apartas de tu madre como el pedazo de piedra donde se corta. Esta es tu cuna y el lugar donde reclines tu cabeza. Solamente es tu posada esta casa. Tu propia tierra otra es; en otra parte estás prometido, que es el campo donde se hacen las guerras, donde se traban las batallas. Para allí eres enviado, tu oficio es dar a beber al Sol con sangre de tus enemigos y dar de comer a la Tierra, que se llama Tlaltecuhtli, con los cuerpos de tus enemigos. Tu propia tierra y tu heredad y tu suerte es la Casa del Sol, en el Cielo. Allí has de alabar y de regocijar a nuestro señor Sol, que se llama Totonámetl in Manic. Por ventura merecerás y serás digno de morir en ese lugar y recebir en él muerte florida (Sahagún, 2000:II, 618-619).

Por duras que nos parezcan las exigencias del warachicuy, la mención de la muerte y las batallas en el náhuatl recién nacido, me resultan más duras. Pero se explican porque: «Tanto como la religión, la guerra dominaba el espíritu y la vida de los mexicas. Sus causas eran múltiples: para aumentar los tributos, base económica de Tenochtitlan; para apoderarse de prisioneros para el sacrificio ritual (Guerras Floridas), para proteger a los mercaderes, para sujetar a regiones rebeldes o para defenderse de agresiones externas. Las batallas no tenían el propósito de aniquilar a los adversarios sino el de hacer prisioneros que después eran inmolados a la divinidad para propiciar la continuación de la vida. Por ellos, cualquiera que fuese la causa de la guerra, todos los que morían, combatiendo o eran hechos prisioneros y sacrificados, iban al cielo, donde vive el sol y luego se transforman en pájaros de pluma rica» (Martínez, 2003:27-28).

Si regresamos a la historia incaica, conviene hacer notar que la relación entre los escritores de las crónicas, que son más tardías de las de México, están muy teñidas por su redacción en el siglo XVII, época en que un sector privilegiado de la población andina reclama ser descendiente de la nobleza incaica. Quienes lo hacen, que no son pocos, ya han alcanzado el conocimiento legal hispano suficiente para mejorar su economía y estatus social, y utilizan tal reclamo ante los tribunales virreinales para mejorar su condición social y economía, maniobrando en la legalidad colonial.

Las contradicciones que advertimos entre los cronistas españoles se harán más profundas al mostrar sus intereses personales en la reconstrucción del pasado. Tal es el caso de Garcilaso de la Vega y Juan de Betanzos, quienes elaboran un pasado que se organiza dando fuerza a sus pasiones personales. Se han repetido hasta la saciedad las preocupaciones del Inca de Montilla de emparentarse con Huayna Cápac, a través de su madre la Palla Isabel, y de las de Betanzos, al tener como cónyuge a Angelina o Cuxirimay Ocllo, que siendo niña fue entregada a Atahualpa y luego de la Conquista pasó a ser una de las mujeres de Francisco Pizarro, para finalmente unirse al traductor y luego cronista Juan de Betanzos.

Pero lo dicho no elimina la importancia de los mencionados cronistas como narradores del pasado, tal como lo vieron sus ojos. Es así como en su libro *Comentarios reales* se da cuenta de la niñez del hijo de Huayna Cápac:

> era nacido el príncipe heredero, que después llamaron Huáscar. Por haber sido este príncipe tan deseado, quiso su padre hallarse a las fiestas de su nacimiento, y así volvió al Cuzco con toda la prisa que le fue posible, donde fue recibido con las ostentaciones de regocijo y placer que el caso requería. Pasada la solemnidad de la fiesta, que duró más de veinte días, quedando Huayna Cápac muy alegre con el nuevo hijo, dio en imaginar cosas grandes nunca vistas, que se inventasen para el día que le destetasen y trasquilasen el primer cabello y pusiesen el nombre propio... que era la fiesta de las más solemnes que aquellos reyes celebraban... porque tuvieron en mucho a los primogénitos. Entre otras grandezas que para aquella fiesta inventaron, fue una cadena de oro, tan famosa en todo el mundo (Garcilaso, 1985:II, 209-210).

La cadena de oro que menciona el Inca medía alrededor de doscientos ochenta metros de largo y doscientos diez de ancho, pero lo más importante es que se utilizaba ceremonialmente para que bailen y canten los varones nobles tomados de la cadena de oro, evitando tomarse de las manos, lo que al monarca le pareció «más decente, más solemne y de mayor majestad», como lo especifica el autor, añadiendo, que en algunas veces participaba el propio Inca. La cadena, codiciada por los invasores españoles, no pudo ser hallada luego de que tomaron el poder. Garcilaso supone que fue escondida por los naturales. Añade, además, que al heredero le llamaron con un sobrenombre que se hizo popular: Huáscar, derivado del nombre de la cadena o soga (huasca en quechua) que acabamos de mencionar. Formalmente después del rutuchikuy la nobleza lo llamó Inti Cusi Huallpa, que el cronista traduce como 'Sol de la alegría' (Garcilaso, 1985:II, 210-211).

El recibimiento de un nuevo miembro de la nobleza incaica con la ceremonia descrita contrastaba con el paso de la adolescencia que se requería en el Cusco para considerarlos adultos. Dado el número creciente de jóvenes aspirantes, productos de la poligamia noble, cada 1 o 2 años se hacía el *waraku* o *warachikuy* «porque era dar insignias de varón a los mozos de sangre real y habilitarlos así para ir a la guerra, como para tomar estado. Sin las cuales insignias no eran capaces ni para lo uno ni para lo otro, que como dicen los libros de caballerías, eran donceles que no podían vestir armas» (*ibidem:*54-55). La comparación del escritor es poco feliz, si se sigue el relato de las pruebas que se obligaba a quienes pretendían ese estatus en la sociedad incaica.

En primer lugar, el aspirante (de alrededor de 16 años) estaba obligado a seis días de ayuno, en los que sólo podía alimentarse de maíz y agua, dormir en el suelo y no usar calzado. Participaban también los familiares [más inmediatos], que también ayunaban, su presencia alentaba y daba energía a quien soportaba la prueba, si bien el ayuno a que estaban obligados era menos riguroso (solo tres días), en los que rogaban al Padre Sol que su joven cumpliese el total de las pruebas, si no lo hacía, sería arrojado del lugar donde se realizaban las actividades, el espacio en que se recluía a los candidatos era un recinto en el barrio de Colcampata [situado en las faldas del santuario de Sacsayhuaman]. Hacían de jurado miembros mayores («incas viejos» los llama Garcilaso), que solían ser muy estrictos. Las acciones a que estaban obligados los candidatos tenían en primer lugar que mostrar sus habilidades físicas: deberían competir en una carrera que cubría la distancia que hay del cerro Huanacaure a la «fortaleza» de Sacsaywaman (alrededor de legua y media). Quien llegaba primero era elegido «capitán» (cargo que se le daba, aún sin participar, al heredero del Inca, si era parte del grupo) y también se reconocía a quienes alcanzaban la meta en los primeros diez puestos, los que llegaban después («quedaban notados de infamia», apunta Garcilaso).

Pero la prueba más notoria era la competencia guerrera entre los jóvenes participantes. Los organizadores dividían al grupo en atacantes y defensores en un primer momento, para trocar sus posiciones en un segundo encuentro, en el que los jóvenes que atacaban la fortaleza Sacsaywaman y los que la defendían y trataban de derrotar a quienes hacían de rivales. Dice nuestro cronista que el enfrentamiento era de tal rudeza que siempre dejaba a los mozos heridos y en más de una ocasión moría uno o dos de los competidores.

A la par de las dificultades físicas, el warachikuy daba ocasión a que los «viejos maestros» explicasen la historia sagrada de la sociedad incaica, a partir de la voluntad de Padre Inti, las hazañas de los Incas anteriores, la necesidad de estar preparados para las guerras, lo que incluía la urgencia de saber preparar armas, calzado y equipamiento militar para sí mismo, y la necesidad de aumentar los límites del imperio.

A quienes habían alcanzado a soportar las pruebas, el Inca reinante sería quien les horadase las orejas con alfileres gruesos de oro, y otro miembro de la nobleza, generalmente un hermano del Inca, le cambiase de «usutas» (calzado andino que hoy se conoce como «ojotas»), y finalmente uno de los nobles ancianos lo vistiera con la wara o calzón, que en adelante cubriría sus vergüenzas. Además, tres flores nativas: cantuta [*Cantua buxifolia]*, huihuan huay [¿?] y wiñay huayna [*Epidendrum secundum]*, coronaban también al reciente vencedor de la prueba (*ibidem:*51-64).

No es necesario buscar sociedades comparables a la incaica, por su desarrollo social y económico el equivalente mesoamericano es la Triple Alianza, que presidía México-Tenochtitlan. Dado que nos interesa la formación de Atahualpa y Huáscar, vale la pena echar una mirada a Moctezuma, cuyos primeros quince años fueron probablemente los mismos que cualquier niño noble de alto rango.

> Con escasos seis o siete años de edad, sus padres lo ponen bajo el cuidado de unos pajes que son sus compañeros de juego, pero también vigilan la corrección de su porte y de su comportamiento en toda circunstancia. Aprende a hablar bien y cortésmente, a respetar a la gente importante y a los ancianos. Hacia los once años de edad, los jóvenes nobles entran en una especie de convento, al calmécac, en el cual también se educan los sacerdotes. Los niños de la familia real, por su parte, frecuentan el calmécac de Tlillan, instalado como todos los colegios en el perímetro del Templo Mayor. El Tlillan ("negrura") está asociado con la

diosa telúrica y guerrera Cihuacóatl, la patrona del territorio de Tenochtitlan, la misma que encarna el segundo personaje de la jerarquía mexicana, considerado "virrey" de los aztecas por los españoles.

La educación es estricta. Los niños visten de la manera más sencilla y duermen sobre petates bastos. Su espartana comida consiste en tortillas de maíz que los sacerdotes les tiran, como si fueran perros. Aprenden el manejo de las armas y asumen tareas básicas: juntar leña, prender el fuego, barrer el templo. Al mismo tiempo, se ejercitan en la penitencia, el canto y el baile en honor de los dioses. Deben levantarse en plena noche y bañarse en agua helada: cuando crecen un poco, pasan noches enteras en vela. También se les enseña religión y culto, la buena administración del reino y de la justicia, la historia y los relatos que hay que memorizar con ayuda de los códices figurativos, soportes de la memoria (Graulich, 2014:75).

II
El origen y sucesión de los incas en la narración de los cronistas españoles

Tenemos ya los protagonistas de los sucesos a ser narrados, pero no hemos establecido las fechas de los acontecimientos en que desarrollan su existencia. Al carecer de escritura, la sociedad indígena hablará a través de sus conquistadores, que como ya dijimos, construyen una historia que sigue los patrones culturales de un sistema que consideran universal, pero se ciñe solamente a la estructura del pensamiento occidental europeo. Si nosotros nos ajustamos a su validez, la única fecha con la que podríamos empezar una cronología valedera debiera ser el 16 de noviembre de 1532: el día en que las tropas de Francisco Pizarro capturaron a Atahualpa.

Con el apoyo de la arqueología podemos encontrar una fórmula que nos ayude a organizar el universo de las crónicas, de manera que nos permita reconstruir la sociedad que albergó a quienes estamos pintando como sus conflictivos líderes. Tradicionalmente el recuerdo recogido por los españoles señaló el número de doce incas, o catorce si incluimos a Huáscar y Atahualpa (véase las listas de Incas, resultantes de la comparación de cinco de los cronistas más conocidos, confeccionadas por Susan

Ramírez [2022:tablas 9 y 10, 124-125]). Pero si se revisa cada periodo de sus «reinados», no es difícil encontrar que los mismos acontecimientos pueden ser atribuidos a diferentes incas, de manera notoria entre los gobernantes que preceden a Pachacuti Inca Yupanqui, sin que tampoco este líder se escape de que su éxito más visible, el triunfo sobre los chancas, sea atribuido a Sinchi Roca, también recibió ayuda del dios Sol (Hyland, 2007:capítulo 22). Pero la lectura de las crónicas es imprescindible para la comprensión de la estructura del gobierno, su desarrollo económico y político, y la percepción religiosa que gobernaba su conducta, explicando las relaciones con el más allá.

Cuando nos referimos a Huáscar y Atahualpa, lo hacemos sabiendo que sus ambiciones de control del Estado se ajustaban a las circunstancias en que transcurrió su existencia. Habían nacido en un sector de la sociedad que los necesitaba como líderes de un poder que abarcaba la extensión de tres repúblicas sudamericanas modernas: Ecuador, Perú y Bolivia, y fracciones de otras tres: Chile, Argentina y Colombia. Deberían mantener el dominio o la alianza controlada con etnias muy diferentes, en un espacio físico muy diverso de miles de kilómetros, creando y manteniendo los lazos que obligaban a los pueblos sometidos o aliados a establecer una economía de subsistencia eficaz y provechosa para ellos mismos, y que permitía al Cusco crear un sector privilegiado que perpetúe su dominio y riqueza sin problemas mayores.

La aparición de este imperio prehispánico podemos rastrearla en la región del Cusco a través de tres períodos que conocemos como el período Huari (600 d. C.

a 900 d. C.); el período Killke (1000 d. C. a 1400); y el período Incaico (1400 d. C. a 1532 d. C.). Nos interesa el desarrollo en este último período, que comprende desde el establecimiento del Estado imperial hasta la llegada de los españoles (Bauer, 1992:41-46). Lo que podría equivaler al encumbramiento de Pachacuti Inca Yupanqui.

La construcción del Estado inca tuvo un antecedente notorio en la cultura wari, que también ha sido visualizada como una extensión de las sociedades surgidas en la hoya del Titicaca, especialmente a la que se conoce como Tiahuanaco. Su condición política ha suscitado un largo debate, en el que se arguye que se trató más bien de un centro religioso cuya iconografía dominó los Andes sur-centrales, y que la imagen que proyectó, de lo que hoy suponemos fuera su deidad superior, llegó a los incas bajo el nombre de Wiraqocha, como parte de un panteón cuyo conocimiento todavía es rudimentario (Conrad y Demarest, 1984:84-89).

La presencia de esta divinidad (Wiraqocha o Viracocha), que en la nobleza incaica figura como uno de los tres dioses más señalados en las crónicas (los otros dos serían Inti e Illapa), aparece como creador de la población andina en el relato del cronista Betanzos:

> En los tiempos antiguos dicen ser la tierra e provincia de Pirú oscura y que en ella no había lumbre ni día y que había en este tiempo cierta gente en ella, la cual gente tenía cierto Señor que la mandaba y a quien ella era sujeta; del nombre desta gente y el Señor que la mandaba no se acuerdan… dicen que salió de una laguna, que es en esta tierra del Pirú, en la provincia que dicen

> de Collasuyo, un Señor que llamaron Contiti Viracocha, el cual dicen haber sacado consigo cierto número de gente, del cual número no se acuerdan. Y como éste hubiese salido desta laguna, fuese de allí a un sitio que junto a esta laguna está, donde hoy día es un pueblo que llaman Tiaguanaco en esta provincia ya dicha del Collao. Y como allí fuese él y los suyos, luego allí, improviso, dicen hizo el sol y el día, y que al sol mandó que anduviese por el curso que anda; y luego dicen que hizo las estrellas y luna... que en aquel asiento de Tiaguanaco hizo de piedra cierta gente y manera de dechado [moldeado] de la gente, que después había de producir, haciéndole en esta manera: que hizo de piedra cierto número de gente principal que la gobernaba y señoreaba y muchas mujeres preñadas y otras paridas y que los niños tenían en acunas[cunas], según su uso; todo los cual, ansí hecho de piedra, que lo apartaba a cierta parte. Y [dicen] que luego hizo otra provincia de gente en la manera ya dicha, y que ansí hizo toda la gente de Perú... [y ordenó] como yo aquí los tengo pintados y hechos de piedra, ansí han de salir de las fuentes y ríos y cuevas y cerros, en las provincias que ansí os he dicho y nombrado (Betanzos, 2004:51-52).

Los varios relatos de otros cronistas, si bien denigran la capacidad de los informantes (con excepción de Garcilaso), de alguna forma ratifican el recorrido de las gentes creadas en el Titicaca y confirma que fue a partir de esa laguna, que en quechua se considera lugar de origen o «pacarina» (del quechua *paqariy* = 'aparecer'). Lo que se explica en varias crónicas es que a pesar del diluvio universal, sobrevivieron quienes serían los fundadores del imperio. Luego de cierto tiempo que permanecieron en Pacarictampu (también escrito como Pacárec Tampu), ligando el mito de Titicaca con el de los cuatro hermanos Ayar y sus esposas, finalmente conquistaron el Cusco (Cobo, 1964:62-63). Sarmiento de Gamboa sigue su relato haciendo gala de sus conocimientos y fama de conocedor de la historia universal, explicando la historia de la población humana después del Diluvio «y otros cinco diluvios», en la que incluye a la Atlántida, griegos, judíos y caldeos, citando al virrey Francisco de Toledo al que servía como «cosmógrafo». Finalmente, recurre a una versión complicada de las acciones de Viracocha, que según su texto, creó dos veces a la población indígena de los Andes. A pesar de lo dicho, su relato del gobierno de los incas, tradicionalmente aceptado, cambia hacia una redacción más directa y su información, recogida de informantes andinos, resulta una fuente nada despreciable, especialmente cuando trata la disputa entre Huáscar y Atahualpa, que son el tema de este libro (Sarmiento, 2012:331-471). Para concluir este repaso de las crónicas más citadas, que se refieren al origen de los incas, cabe mencionar a *Comentarios reales,* que se ajusta a lo señalado anteriormente, con respecto a la región del Titicaca, y su estancia en Pacárec Tampu, donde, como en las versiones ya mencionadas, se inicia la jornada final de la conquista del Cusco. Pero el relato del anciano tío de Garcilaso, al que cita con todo respeto, no menciona a Wiraqocha y describe la Tierra poblada por gente que «vivían como fieras y animales brutos, sin religión ni policía, sin pueblo ni casa, sin cultivar ni sembrar la tierra, sin vestir ni cubrir sus carnes». Apiadado de su condición, «nuestro Padre el Sol» concluye el veterano informante, puso a sus dos hijos (Manco Cápac y Mama Ocllo) en la laguna de Titicaca, para instruir al género humano, la misión de civilizar los llevará a Pacaritambo y finalmente al Cusco (Garcilaso, 1985:I, 37-38).

III
La herencia de Huayna Cápac

El origen de la lista real incaica sigue una vieja tradición que es fácil de hallar en otros continentes. Nacido o creado el primer Inca en alguna región remota, el relato de su vida y la de sus acompañantes se inicia con un viaje, generalmente azaroso, que lo llevará a lo que más tarde ha de ser la capital del imperio. Sin ir muy lejos, una situación similar acontece en México, donde Huitzilopochtli guía a sus fieles huyendo de Aztlán hasta el lago de Texcoco.

No seguiremos el destino de cada uno de los miembros de la lista real, cuyas debilidades y contradicciones en las crónicas la descartan de una secuencia histórica precisa. Nos concentraremos en el padre de los protagonistas de la contienda por la *maskaypaycha* (corona imperial incaica de la que pendía el *llawtu* o borla imperial (Lira y Mejía, 2008:230 y 256).

El ascenso al poder de Huayna Cápac, hacia el fin del período incaico en los Andes, sigue el complicado camino que probablemente debieron cruzar todos los Incas y que en cierta forma repiten Huáscar y Atahualpa. El poder del Cusco, que se extendía a lo largo del Tawantinsuyu, estaba en manos de la nobleza nativa de la capital, que a su vez se consideraba descendiente de la lista de los diez gobernantes anteriores. Pero no estamos hablando de reglas de parentesco español, aunque así lo percibieron los cronistas. Cada Inca ascendía al trono luego de haber sido impuesto por sus familiares y aliados de otras familias, que ganarían poder con determinado joven candidato; pero esa decisión de postular a un joven noble para el trono sufría los peligros que asomaban de los entornos de los otros pretendientes al trono. Narraremos sólo las vicisitudes de Huayna Cápac, lo que bastaría para entender que los términos de legitimidad que se nos ofrece en las crónicas son obviamente inválidos. Y que, probablemente, la designación de cada monarca, de tal o cual joven como heredero, era el inicio de las hostilidades entre las familias nobles del Cusco.

A la muerte de Túpac Yupanqui, los nobles cusqueños que se hallaban en el Cusco llevaron a cabo el ceremonial denominado *Puruqaya* (*Purucayan* = «un llanto común por la muerte del Inca, llevando su vestido, y su estandarte real, mostrándolo para mover a llanto» [González Holguín, 1989:297]) y reconocieron a su sucesor «antes que se supiese la muerte del Inca», siguiendo una tradición que el cronista atribuye a Pachacuti Inca Yupanqui (Sarmiento, 2012:435).

Pero el suceso fue conocido por el resto de la nobleza y por tanto compartido por los muchos hombres y mujeres que formaban el entorno del fallecido. Entre ellos estaba Curi Ocllo, parienta de Cápac Guari, que, conociendo las intenciones de los nobles que dirigían los rituales, expresó lo que seguramente era la propuesta de un sector familiar con intereses propios:

> Señores y parientes, sabed que Topa Inga [Tupac Inca Yupanqui] es muerto y como antes en salud había nombrado por su hijo heredero a Cápac Guari, más al fin, estándo a la muerte, dijo que le sucediese Tito Cusi Gualpa [Huayna Cápac] hijo de Mama Ocllo, no lo debéis consentir sin pasar por ello, antes llamád a todos vuestros deudos y amigos y alzado a Cápac Guari, vuestro hermano mayor, hijo de Chiqui Ocllo (*ibidem:*436).

Como veremos más adelante, y no debió ser un hecho extraño en las sucesiones imperiales precedentes, la disputa por los bienes y el poder debió alterar muchas de las decisiones a la muerte del Inca reinante.

Lo interesante es que tales disputas se quedaban al interior del complejo de familias cusqueñas, de tal forma que se pudo modificar la historia de lo sucedido, en primer lugar porque el vencedor del conflicto y sus leales «reescribían» el relato a su favor. Más tarde, durante el período colonial, el reclamo de una historia encuadrada al modelo español permitió a la nobleza cusqueña, que sobrevivió a la guerra de Huáscar y Atahualpa, entregar a los futuros cronistas la versión que encajase con sus deseos y las necesidades de los incas colonizados.

Si seguimos al cronista citado, en esta ocasión, Guamán Achachi, uno de los hermanos de Túpac Yupanqui, reunió a sus leales y escondió al desconcertado y joven Huayna Cápac y, dado que ya tenía un grupo armado, asaltó al entorno ya reunido de Cápac Guari y mató a la mayoría de ellos, apresando al fallido candidato a ser Inca, que fue desterrado a Chinchero (tierra de los Ayarmacas, nobles de privilegio) en donde permaneció hasta su muerte, o bien murió en el momento de su captura. Su madre, Chiqui Ocllo, fue acusada de intentar la ruptura de una tradición y de haber hechizado al Inca fallecido y murió castigada por eso, al igual que Curi Ocllo (*ibidem*:436).

El cronista se apresura en llamar «manceba» a Chiqui Ocllo para explicar que no era la esposa legítima, lo que no tiene el sentido en el parentesco andino, dado que esa legitimidad es inexistente en la cultura incaica, pero la excluía de la nobleza de sangre (la que reclamaba ser descendiente directa de los diez o doce incas precedentes) y en el mejor de los casos la relegaba a la condición de pertenecer a los llamados incas de privilegio, o bien a la condición del común, a los *hatun runa.*

Lo que sí resulta claro es la diferencia establecida entre el Inca y sus ancestros cusqueños, que se consideraban divinos con respecto al resto de la población. A continuación, pero guardando las distancias, conviene determinar a los llamados «incas de privilegio». Así se denominaba la población

> que se encontraban genealógicamente y geográficamente (a un radio aproximado de 60 km del Cusco) alejados del gobernante y la capital. De este modo, aunque el sistema tenía su base en la genealogía, las relaciones territoriales reales existentes entre los diversos grupos jerárquicamente ordenados reafirmaban las diferencias sociales en la que el Cusco prevalecía como centro (Bauer, 2018:92-94).

Al enviar a Cápac Guari a Chinchero, se le colocaba fuera del territorio privilegiado, al que no pudo regresar jamás, y si tuvo la condición de noble en su niñez o adolescencia, la perdió en el juego de ambiciones en que estaba envuelta la clase privilegiada de los Incas.

El incidente que acabamos de narrar no fue el único que amenazó el ascenso al gobierno de Huayna Cápac, Gualpaya, hijo de Cápac Yupanqui (uno de los muchos hermanos de su padre), intentó asumir el rol de joven Huayna Cápac, pero fue descubierto y muerto con los demás conjurados por el siempre atento a la tradición de la nobleza, el tío y protector Guamán Achachi, por entonces gobernador de Chinchaysuyu (Sarmiento, 2012:437).

No seguiremos al detalle la biografía del Inca, pero nos interesa lo que Sarmiento (2012:439) y Anello Oliva (1998:80) han llamado «la visita de sus reinos» o «la visita a toda la tierra desde Quito a Chile». Coinciden en que Huayna Cápac empezó su reinado por conocer o volver a restablecer su relación con el Collasuyu, iniciada militarmente por su padre, como lo afirman varios de los cronistas. De manera más dramática fray Martín de Murúa explica que al Inca le llegaron las noticias de la rebelión de los Collas, uno de los dos señoríos, el otro era el de Lupaqa, que dominaban la región del Titicaca. La descripción de esta aventura guerrera es larga y detallada por la defensa encarnizada en «Pucara, Asillo y Arapalallahua, desde donde se mantuvieron con grandísima obstinación» (Murúa, 1962:58-59).

La historiografía moderna propone que:

> Durante el reinado del inca Pachacutec, en la primera mitad del siglo XV, la acelerada expansión incaica alcanzó Oroncoto

> y Cuzcotoro en el sur de Bolivia y, posiblemente, más allá de la actual frontera de Bolivia y Argentina, continuando hacia Chiriguana, Tucumán y Chile, durante el posterior reinado de Túpac Yupanqui. Eso puede ser atribuido a la existencia de antiguos cacicazgos y de poderosos jefes o «reyes» con los que los incas establecieron alianzas hegemónicas y vínculos de parentesco (Pärssinen, 2015:539).

A continuación, el autor recurre a Sarmiento para afirmar que en «la región del Titicaca el área que se extiende hasta Arequipa y Atacama estuvieron antes los incas bajo el liderazgo de Chuchi Cápac, rey de los collas [...] Los cacicazgos aimaras, sin embargo, formaron confederaciones militares contra sus enemigos. Las más conocidas de estas son Collao y Charcas. [...] En este sentido, después de la subyugación del Collao, la siguiente batalla decisiva fue peleada en Oroncota contra la confederación de los Charcas. Los incas, finalmente ganaron, con lo que todo el altiplano aimara [que] se alió repentinamente con el rey inca» (*ibidem*:539).

Si seguimos usando el testimonio de los cronistas la conquista del Collasuyu continuó en el territorio de lo que hoy es la república de Chile:

> A partir del siglo xv, el Inka ocupó y amplió todos los lugares productivos de Tarapacá. No solo el fértil valle de Azapa, sino también aprovechó Lluta y Camarones, cultivando especies de maíz especialmente adaptados a la salinidad de sus aguas y pobreza de sus suelos, superando así las deficiencias agrícolas de estos valles. Sin embargo, el gran énfasis de la ocupación Inka

> en Tarapacá estuvo orientado hacia los recursos marinos que han hecho famosa hasta el día de hoy la costa de Arica.
>
> La producción de guano y pescado seco interesaron al Inka por el potencial de estos productos para ser almacenados y transportados a largas distancias (Aldunate, 2001:23).

El autor que citamos afirma a continuación que la administración incaica, además de la región costera, ocupó también la sierra de Arica. «En Zapahuira construye un importante asentamiento y grandes extensiones de terrazas, que pudieron estar destinadas a producir papas lo que en otros lugares sirvió para obtener quinua y varios otros tubérculos» (*ibidem*:25).

> Más al sur, en la cuenca de Codpa, el Inka se estableció a lo largo de la ruta prehispánica que comunica el altiplano con la costa, entre el Salar de Surire y Camarones construyendo un tambo en cada jornada del camino. Al parecer el centro Inka de esta cuenca estaba en Sahuara, desde donde se administraba el funcionamiento de estos valles [...] La relevancia de Sahuara como probable centro administrativo de esta cuenca se demuestra en la presencia de un ushnu o plataforma ceremonial, en los numerosos depósitos y en los elementos de metal y cerámica Inka Altiplánica que allí se han encontrado (*ibidem*:25).

Aldunate concluye su capítulo remarcando la importancia del río Loa, que cruza el desierto de Atacama, que crea los contados oasis que fueron utilizados desde muchos siglos atrás.

> El Inka aprovechó toda esta antigua red de influencias económicas, culturales y sociales a atacameños para un propósito fundamental dirigido hacia la minería del cobre. En las principales minas que actualmente existen y están en explotación [en lo que hoy se conocer como II Región] el Inka ya había establecido sus enclaves mineros. Así en el actual yacimiento minero de Collaguasi, cerca del salar de Corcote, se encuentra el asentamiento incaico de Yabricollita, más al sur el importante sitio arqueológico minero de El Abra que también demuestra la explotación del Inka de este yacimiento. Se trabajaba minerales de alta ley, en vetas que posteriormente se empobrecieron, como es el caso de San Bartolo, Cerro Verde e Incawasi, en los alrededores de Caspana (*ibidem*:28).

Si hemos dado cuenta de los territorios imperiales que hoy ocupan espacios en Bolivia y Chile, sin dar mayores detalles, debemos agregar los espacios de los Chachapoyas, cuidadosamente descritos por Inge R. Shjellerup (2005:115-140) y la costa norte del Perú, en el resumen que nos ofrecen Hoyoshida y Guzmán (2015:617-651). Ésos no eran sólo territorios físicos, hay que agregar la complejidad de su administración política, organización social y control militar que caían en las manos de Huáscar y Atahualpa, sin mencionar todavía al núcleo inicial del conflicto que tuvo lugar en Tumibamba y Quito (Ecuador).

IV
La división del imperio

Cuestionada la múltiple afirmación de los cronistas con respecto a la guerra de los chancas, especialmente por las fuentes arqueológicas (Bauer, 2013:43-62), la figura del Inca Pachacuti Inca Yupanqui aún mantiene su condición de ser el constructor de la condición imperial de los Incas. Esto acorta la existencia del Tawantinsuyu como Estado imperial a los únicos tres que precedieron la llegada de los europeos, aunque más de un cronista eleva (véase Montesinos, 1957) la lista de gobernantes hasta el centenar. Pachacuti, Túpac Yupanqui y Huayna Cápac completarían el número de Incas que realmente gobernaron el Estado incaico, que no creemos que hubiese durado más de un siglo, aun sumando los años que estuvo en el poder del Inca Huáscar, que no debieron ser muchos, si se calcula que su padre, Huayna Cápac, murió en 1525 o 1527.

A lo largo de las crónicas que mencionaremos y de los libros que se basaron en ellas, el destino que sigue al imperio se suele convertir en un desfile de batallas que culminaron en el triunfo de Atahualpa, que muere sin recibir los honores de Inca coronado, en la capital del imperio por la brusca intromisión de los invasores españoles.

La pregunta que queda en el aire es: ¿qué otra cosa pudo hacer Huayna Cápac en lugar de dividir el inmenso territorio conquistado? La historia del Tawantinsuyu, aún en manos de su padre, era una suma de conquistas, sólo superada por el volumen de rebeliones de los pueblos sometidos. Las giras de «visitas» de Túpac Yupanqui y Huayna Cápac se mencionan como desarrollos de adquisición territorial, sin que olvidemos los golpes de Estado que asomaban apenas los Incas se alejaban del Cusco. El propio Túpac Yupanqui había sido criado recluido en la Casa del Sol hasta los 16 años, para evitar que pudiese ser reemplazado por Amaru Túpac Ynga, que creía ser el legítimo heredero (Sarmiento, 2012:411).

Más allá del entorno cusqueño los peligros no faltaban. Ya en territorio de lo que hoy es Ecuador, los cayambis y carambis dieron una respuesta militar a Huayna Cápac lo suficientemente sólida para que los cargadores de sus muy protegidas andas no pudieran sostenerlo y sufriera la vergüenza, poco común, de caer por los suelos durante una de las batallas (*ibid*:443).

¿Cuánto tiempo podría haberse mantenido en el poder, sin dividirse en fracciones más gobernables y menos conflictivas? La tradición de que cada gobernante, al asumir la *maskapaicha*, dejase en manos de la familia del Inca recién fallecido sus riquezas, debió crear una clase de servidores privilegiados que vivían cómodamente «atendiendo» a las momias, cuyos deseos y caprichos podían ser inventados, de acuerdo a las necesidades de quienes aparentemente los servían.

La propuesta de separar el norte debió ser una consecuencia más geopolítica que familiar. Vale la pena acercarse al territorio que hizo visible la disputa de los hermanos. «Quito, señorío que posteriormente dio su nombre a toda la región septentrional, con toda posibilidad por haberse convertido en el cacicazgo de Quito, durante la época de Túpac Yupanqui y parte de la de Huayna Cápac, era la frontera norte del Imperio Incaico, vecina al área de conflicto de los cacicazgos confederados más septentrionales que capitaneados por Cayambi resistieron largamente a la invasión incaica. Quito se transformó así en el sinónimo de la comarca límite y en el lugar a donde acudieron durante largos años innumerables Cochasquíes y Cayambis y Caranquis» (Moreno Yánez, 1981:126).

Pero no fue lo más importante del poder incaico en el norte ecuatoriano. Ese privilegio lo tuvo Tumibamba, que además se convirtió en la residencia permanente del Inca Huayna Cápac (cerca de la actual ciudad de Cuenca).

> De los detalles de su fundación se desprende, más que de ningún otro caso entre los centros urbanos administrativos, su carácter de «nuevo Cusco», lo cual alcanza ribetes extraordinarios cuando Huayna Cápac se instaló allí y organizó una fuerte burocracia, trasladada inicialmente desde el Cusco, pero que adquirió progresivamente caracteres locales y competitivos. Esta calidad de centro administrativo y de almacenaje, tuvo sin duda que ver con la aptitud de la región en la producción de maíz de alta calidad, y quizás con la cercanía de zonas productoras de coca, hacia el oriente de los Andes. A lo anterior debe añadirse que Tumibamba se encontraba cercana a las conflictivas fronteras

> septentrionales, por lo que además de residencia imperial fue el centro desde el cual los últimos incas dirigieron sus campañas hacia el norte… Durante el reinado de Atahualpa, el centro de gobierno parece, sin embargo que se desplazó hacia el norte de Tumibamba, años en los que el Quito aborigen alcanzará su mayor significación (*ibidem*:132-133).

Citando largamente a Meyers (1976:182), Moreno Yánez concluye que la conquista del altiplano se concluyó en tres fases: 1) el territorio entre la sierra septentrional peruana y el nudo de Azuay, 2) llegaría hasta el área norte próxima a Quito, y 3) abarcaría la zona más septentrional de la sierra ecuatoriana.

> Esta división en tres fases proporciona una cronología de la ocupación incaica en el Ecuador… Testigos de una larga permanencia al sur del nudo de Azuay son, por un lado, la gran densidad de hallazgos y la intensidad de la influencia incaica en su cerámica, que condujeron al surgimiento de un estilo mixto, por otro lado, la aparición frecuente de ruinas arquitectónicas, sobre todo construcciones en el estilo clásico del Cusco. Este es el único territorio del Ecuador, donde aparecen monumentos incaicos sin carácter militar. Testimonian igualmente una consolidación de la cultura incaica sitios como Tumibamba, la que en ciertos aspectos se asemeja al Cusco, templos como Ingapirca y la aparición de piedras, esculpidas y de dinteles. Para la Sierra Central y septentrional es patente la disminución de evidencias arqueológicas, se supone una ocupación temporal más corta. La concentración de fortificaciones en el área norte, sobre todo en el nudo que se extiende desde Mojanda, pasando por Cajas,

> Cayambe y Pambamarca, permite con seguridad suponer una agitada época de conquistas en ese territorio y una breve consolidación de la cultura incaica en las regiones septentrionales del callejón interandino ecuatoriano (*ibidem*:135).

Desde la perspectiva incaica, hay que volver sobre el interés de Huayna Cápac de hacer la visita a «los reinos que componían su vasto imperio» y la «preocupación familiar» (que tanto les gusta a los cronistas) que afligió a Huayna Cápac al pensar en la división del imperio.

Para la visita de Collasuyu, reúne a sus «generales» en Pomacanchi (hoy uno de los distritos de Acomayo, provincia del Cusco) y «allí pregona armas contra Quito y Cayambis, porque la nueva venía cada día dando avisos que como estaba rebeldes» (Pachacuti Yamqui, 1993:247).

El Inca nombró en esta ocasión como «general» en jefe de todas sus tropas a Mihicnaca Mayta, y señala jefes para cada uno de los «suyos» del imperio, y para adelantar su marcha y darle el brío necesario celebró la fiesta del Cápac Raymi, que normalmente tenía lugar en noviembre y estaba dedicado al monarca de turno (Molina, 2010:64-70).

La concentración de autoridades y celebraciones previas a un acontecimiento de magnitud imperial, como era la empresa Huayna Cápac, atrajo la atención de hombres y dioses, fue así como quienes llegaron de la costa central («mensajeros del Rímac» nos dice Pachacuti Yamqui) trajeron noticia de que el dios Pachacamac había expresado su deseo de ver el Inca, «prometiéndoles cosas grandezas». Huayna Cápac accede el pedido del santuario costeño, viajando a visitarlo y llevándole riquezas. La exigencia cumplida, que años más tarde reprochará su hijo Atahualpa, es que a Pachacamac se le adora más que a Wiraqocha (Pachacuti Yamqui, 1993:249).

Lo que sigue en los campos de batalla suena a venganza divina, Huayna Cápac y sus generales son derrotados varias veces y pierde muchos de sus combatientes. El cronista nos afirma «que el mismo ynga tubo la culpa en poner confianza en las promesas de la uaca de Pachacamac y de los demás ydolos» (Pachacuti Yamqui, 1993:250). De acuerdo con esta crónica, la llegada de tropas incaicas del Collasuyu permitió la recuperación de su ejército. No así el resentimiento de los nobles que acompañaron en esta aventura al Inca, entre ellos el propio Mihicnaca Mayta, que dejando el lugar de concentración para finalizar la conquista (que pudo ser Tumibamba) «toman la estatua de Guanacori [Huanacaure] y empiezan a regresar al Cusco». Reacción posible por la dureza de los encuentros y el pobre abastecimiento de medicinas y alimentos organizados por el Inca (*ibidem*:252).

Huayna Cápac reacciona colmando de satisfacciones a los nobles, supliendo sus necesidades y otorgándoles regalos para complacerlos y, finalmente, reanudando sus lealtades, llevan a cabo la batalla final contra la poderosa confederación Cayambi-Caranqui, cuyos fuertes cercanos a la laguna de Yahuarcocha tiñeron de rojo sus aguas con la sangre de los señoríos norteños (Moreno Yánez, 1981:145).

> Después del triunfo los cacicazgos de Cayambi y Caranqui fueron severamente perturbados en cuanto a su densidad y composición

de su población, dato que confirma una vez más el nivel de resistencia organizada por la Confederación. Mientras un número considerable de varones, en edad de portar armas, fue aniquilado en Yaguarcocha: los cómputos más modestos señalan 20 000 hombres, la mayoría de ellos, sin duda Caranquis, fueron desterrados en calidad de mitmajcuna (o mitimaes) forzados a las plantaciones de coca en Matibamba en la sierra peruana (distrito de Huacas, provincia de Ambo, departamento de Huánuco) en evidente castigo por sus desesperadas resistencias (*ibidem*:146).

Resumiendo lo dicho en este capítulo, centrándonos ahora en las posesiones incaicas del norte,

como razones para explicar la escasez de vestigios incaicos en Quito se han aludido la falta de excavaciones en las laderas de Pichincha y la demolición española, a las que debe añadirse el estado todavía incipiente de Quito incásico en la época de los soberanos últimos del Tahuantinsuyu. En todas las guerras del Norte, el ejército del Cusco utilizó Quito como base intermedia, más no como un centro imperial coordinador de la campaña, cualidad que se aplica con mayor exactitud a Tumibamba: residencia del Inca y lugar a donde siempre se retiraba entre campañas… la importancia de Quito derivó de su localización estratégica antes que de su status político o demográfico, por lo cual más evidentes que los tenues rasgos de las construcciones ceremoniales o de viviendas son los complejos arquitectónicos o militares (*ibidem*:148).

V
Muerte y presagios que acompañaron a Huayna Cápac

Hay una corta reseña escrita por John Rowe sobre la fecha de la muerte de Huayna Cápac (1978:83-88) donde recoge el testimonio de varios cronistas (Cieza, Jerez, Cabello y Sarmiento) tratando de proponer los años convenientes a sus relatos, lo interesante de sus contradicciones es el espacio que otorgan a los precarios años en que Huáscar y Atahualpa vivieron antes de romper hostilidades. De las fechas enunciadas se puede concluir que el tiempo de paz no duró más allá de cinco años y que se inició ante el reclamo de Huáscar que necesitaba la momia de su padre para llevar a cabo el *Purucaya* («un llanto común por la muerte del Inca, llevando su vestido y su estandarte real, mostrándolo para mover al llanto» [González Holguín, 1989:297]) solemne en la capital del imperio.

Atahualpa no pudo negarse a eso, entre otras razones porque parte de la nobleza cusqueña y sus tropas alojadas en Quito y Tumibamba estaban gozando de su prestigio de conquistadores de la región, lo que se sumaba a la gloria de ser nativos del Cusco.

Remarcamos esta situación ante el reclamo de determinados estudiosos de elevar la condición de Quito a un nivel comparativo con el Cusco, eso contradice la ansiedad de Atahualpa de llegar a la capital del imperio para recibir las celebraciones reservadas a ser Inca. Era imprescindible alternar con los miembros de las otras familias nobles que habitaban el centro privilegiado de la ciudad imperial, había que presentar los respetos debidos a los cuerpos momificados en Colcampata, orar y ayunar en el Coricancha y recorrer el Huanacaure, donde debió pasar la prueba del *warachicuy*, por la que alcanzó a ser verdaderamente un hombre noble.

Ante el reclamo de Huáscar urgiendo a su hermano para que acompañase el cuerpo de Huayna Cápac, no le daba otra opción a Atahualpa que negarse a hacerlo, aunque cumplió con enviar el cuerpo momificado, luego de haberle quitado algunas de sus entrañas. Estos pedazos del cuerpo habían sido cuidadosamente elegidos y se quedaron en Quito, para que luego de complicados rituales pudiera servir para la elaboración de uno o varios *wawqes*, réplica sacralizada del Inca fallecido (*wawque* o *wayqe* = 'hermano de varón o primo hermano'. «Expresión de afecto para tratar al amigo íntimo o al paisano» [Lira y Mejía, 2008:554]). La estatua o réplica (los españoles los llamaron «bultos») solía integrar en su composición, a manera de reliquia, una parte física del fallecido o una piedra consagrada como su representación. El número de *wawqes* que podría tener un Inca dependía de las necesidades ceremoniales o militares que fueran necesarios para duplicar o multiplicar la presencia del soberano en diferentes lugares y para diferentes funciones. Así el Inca podía estar presente donde se le necesitase, hay la noticia de que Atahualpa tenía dos *wawqes* representando a su padre (Betanzos, 2004:247). Eso permitió que se organizara en Quito un nuevo *Purucaya*, y si creemos al cronista Cobo, el corazón de Huayna Cápac quedó enterrado en esa ciudad sin ser enviado a la capital del imperio (Cobo, 1964:93).

La muerte del Inca ha sido narrada de muchas formas, pero copiaré la de Betanzos por las implicaciones con respecto a la decisión hereditaria que contiene.

> Derrotado sus enemigos en Yaguarcocha… al fin de los seis años que en el Quito estuvo, le dio una enfermedad [que se conoce como *wanti* en quechua, que los españoles llamaron, como a muchas otras, «bubas» que aparecen en las glándulas inguinales o bajo las axilas] la cual enfermedad le quitó el juicio y el entendimiento y diole una sarna y lepra que le puso muy debilitados. Y viéndole los señores tan al cabo, entraron a él pareciéndoles que estaban un poco en su juicio y pidiéronle que nombrase Señor, pues estaba tan al cabo de sus días; a los cuales dijo que nombraba por Señor a su hijo Ninacuyuchi, el cual había un mes que había nacido y estaba en las Cañares. Y viendo los señores que aquel tan niño nombraba, vieron que no estaba en su juicio natural y dejáronle y saliéronse, y enviaron luego por el niño Ninancuyuchi que había nombrado por Señor. Y otro día, tormaron a entrar a él y preguntáronle de nuevo que a quien dejaba y nombraba por Señor y respondióles que nombraba por Señor a Atagualpa, su hijo, no acordándose que el día antes había nombrado al niño nombrado y luego los Señores fueron al aposento do Atagualpa estaba, al cual dijeron que era el Señor y reverenciáronle como tal; el cual dijo que no quería ser, aunque

> su padre lo hubiese nombrado. Y otro día tornaron los Señores a Huayna Cápac y, viendo que Atagualpa no quería serlo, y sin decirle otra cosa del día pasado, pidiéndole [al Inca enfermo] que nombrase Señor y díjole que lo fuera Huáscar, su hijo. Y luego los Señores se metieron en cierto aposento a Ragua Ocllo que era madre de Huáscar, y a su hijo Chuquihuipa para que ayunase, según su uso y costumbre que tenían que cuando algún Señor era así nombrado y [también] la que había de ser su mujer principal. Y los dos Señores del Cusco, hermanos de esta Ragua Ocllo, llamados Xaquixigualpa y otro Ataurimachi, que vieron que el Huáscar era nombrado por Señor y que Atagualpa no lo había querido ser, enviaron la nueva por las postas a los Señores que en el Cusco estaban y a Huáscar, para que ayunase. Ya sabida la nueva en el Cusco, luego se recogió el Huáscar a cierto retraimiento [para cumplir con los rituales], do estuvo en ayuno... Cuatro días más tarde sin mostrar mejoría, el Inca Huayna Cápac murió (Betanzos, 2004:235).

Como puede verse, si Betanzos describe los hechos como le fueron narrados, la elección de Huáscar fue una decisión de los nobles cusqueños que acompañaban a Huayna Cápac, ante la enfermedad del Inca. Entregar el imperio a un niño no tenía sentido y tampoco Atahualpa era conveniente, ya que estaría favorecido por el sector de la nobleza cusqueña quiteñizada, lo que era el resultado de haber permanecido seis años fuera del Cusco. Para los nobles cusqueños con intereses vigentes en la ciudad capital, cercanos a Huáscar, el candidato rival hubiese sido un riesgo que había que evitar.

Al sector de orejones que regresaron al Cusco con el cadáver del Inca pudo haberles convenido (por rango, propiedades, servidores o familia) este retorno. Al fin y al cabo, llevaban consigo al cadáver del propio Huayna Cápac y viajaba con él un entorno de nobles, esposas (en especial Mama Cusi Rimay, la madre del fallecido Ninancuyuchi) y servidores para llevar adelante el *Purucaya* en toda su magnitud, en la capital del imperio y reafirmar sus derechos como miembros de la clase privilegiada que gobernaba el imperio.

La muerte de Huayna Cápac, y el conflicto armado que siguió a su deceso, se explica en las crónicas como el cumplimiento de un presagio que se anunció repetidamente durante la vida de Huayna Cápac. Ha sido presentado como un rasgo más de la cultura andina, pero los augurios son elementos de la cultura universal. Naturalmente, también existen en las sociedades prehistóricas de nuestro continente, que se suma a la necesidad humana de tratar de adelantarse el futuro. En quechua se le llama *watichiy* a esta preocupación por adivinar lo que puede suceder, sobre todo si hay signos conocidos que despiertan esa inquietud. Y se conoce como *wátuq* al «adivino, zahoría, arúspide o agorero» (Lira y Mejía, 2008:533), a la persona que reclama el privilegio de poder conocer el futuro o explicar la aparición de signos o señales que podrían afectar a quienes necesitan sus explicaciones.

El interés por descubrir el sentido de tales señales se explica con el concepto *qhencha*, que podríamos traducirlo como 'fatalidad, destino, hado', o bien «fuerza irresistible y ciega que obra sobre los hombres y los acontecimientos» (Lira y Mejía, 2008:403), lo que podría definirse como mala suerte o concurso de influjos desconocidos e irresistibles.

Las crónicas nos ofrecen un buen número de ejemplos. Comenzaremos con Garcilaso, que incluso pone fecha al acontecimiento, que si seguimos su cronología sucedió en 1529 o poco antes:

> Acaeció en el Cuzco un portento y mal agüero que escandalizó mucho a Huayna Cápac y atemorizó en extremo a todo su imperio; y fue que, celebrándose la fiesta solemne que cada año hacían al Dios Sol vieron venir por el aire un águila real que ellos llaman anca, que la iban persiguiendo cinco o seis cernícalos y otros tantos halconcillos [*waman* en quechua] [...] los cuales, trocándose ya los unos, ya los otros caían sobre el águila, que no la dejaban volar, sino que la mataban a golpes. Ella no pudiendo defenderse, se dejó caer en medio de la plaza mayor de aquella ciudad, entre los incas, para que la socorriesen. Ellos la tomaron y vieron que estaba enferma, cubierta de caspa, como sarna y casi pelada de las plumas menores. Diéronle de comer y procuraron regalarla, más nada le aprovechó, que dentro de pocos días se murió, sin poderse levantar del suelo (Garcilaso, 1985:II, 238-239).

La presencia del águila agorera es un lugar común en los mitos de la antigüedad occidental europea. A Garcilaso, el peso de la tradición clásica le hace olvidar que lo apropiado del relato hubiera sido la presencia del cóndor, un ave con mayor carga simbólica para los Andes, pero reitera que los atacantes son aves de presa menores, pero en mayor número. Además, el *anka* (*Geranoaetus melanoleucos)* ya estaba enferma, y sus males son el reflejo de la enfermedad del Inca y de lo que sucederá en el Tawantinsuyu.

Los antecedentes de un esquema profético similar son muchos, el primero que nos viene a la cabeza es el agüero que presencian Héctor y Polidamante, cuando ambos guerreros presionan a los aqueos contra sus naves para obligarlos a abandonar Troya, mientras Aquiles permanece sin combatir, encerrado en su tienda de campaña. Polidamante interpreta la presencia del águila que lleva en sus garras a una serpiente o dragón como el signo de Zeus de que deben dejar de presionar a sus enemigos. Lo que Héctor rechaza con acritud refiriéndose a las aves como vaticinio: «no me cuido de ellas [...] mejor agüero es éste, combatir por la patria». El desprecio del agüero no cambia el destino de los troyanos, ni de su héroe, que morirá en manos de Aquiles.

Garcilaso vuelve a recurrir a su cultura clásica al usar otro augurio del fin del imperio, otra vez Huayna Cápac es testigo del portento: «una noche muy clara y serena tenía la Luna tres cercos muy grandes: el primero era de color sangre, el segundo que estaba más afuera, era de un color negro que tiraba a verde; el tercero parecía humo». El fenómeno fue interpretado como un aviso de su madre la Luna [los Incas se consideraban hijos del Sol y la Luna], el primer cerco, de color sangre, significaba que

> [...] después que tú te hayas ido a descansar con tu padre, el Sol, habrá cruel guerra entre tus descendientes y mucho derramamiento de su real sangre, de manera que en pocos años se acabará toda [...] el segundo cerco negro nos amenaza que de las guerras y mortandad de los tuyos se causará la destrucción de nuestra religión y república y la enajenación de tu imperio y

todo se convertirá en humo, como lo certifica el tercer cerco, que parece humo (Garcilaso, 1985:vol. II, 236).

Esta presentación de la Luna como teniendo tres caras no es desconocida en España, en donde en 1611 se había impreso el *Tesoro de la lengua castellana o española,* en el que se describe el satélite de la Tierra diciendo que «unas veces parece un broquel de fuego, otras una rebanada de melón o un medio círculo, y quando luna nueva, un arco muy delgado. Con estas diferencias fingen los poetas tener tres rostros» (Covarrubias, 1943:773).

Sebastián Covarrubias, autor de la obra, reconoce que esta versión de la Luna es muy antigua y recuerda la *Eneida*, cuando el poeta se refiere a «las tres cabezas de la doncella Diana».

Lo que hace anómala esta aparición al atormentado Huayna Cápac es que estas tres caras de la madre Luna se manifiestan al mismo tiempo, pero esta visión le sirve a Garcilaso para insistir, a través de las palabras del *wátuq* (especialista religioso andino), que el Inca se enfrenta a un inevitable destino desgraciado.

Curiosamente, la crónica de más difícil lectura, por su manejo del español, pleno de quechuismos y compleja redacción, es la que introduce variantes notables en el tema de los presagios. Nos referimos al texto de Joan de Santa Cruz Pachacuti Yamqui Salcamaygua, cronista de inciertos datos biográficos, cuyo relato se presume que fue escrito en 1613. Su información sobre el tema nos remite nuevamente a Huayna Cápac en Quito, y a la «pestilencia» que se le apareció en sueños al Inca en forma de «un millón de millón de hombres y no saben quién [quienes] fueron», pero el cronista nos informa que eran las almas de los que iban a morir por la plaga, a la que ya nos hemos referido, pero en el sueño aparecen como enemigos del Inca (Pachacuti Yamqui, 1993:253).

Como era de esperar, la idea de presagios o agüeros funestos se mostró también en los cronistas de Nueva España, que generalmente los ubicaron en el período de gobierno de Moctezuma Xocoyotzin. Lo que se explica por la duración de su mandato (1502-1520), que culminó con el arribo de Cortés y la destrucción del imperio. El corto gobierno de Huáscar (¿1525?-1533) no permitió a los escritores españoles ubicar en este período los presagios de la caída del imperio incaico, fue mucho más cómodo adjudicar estos anuncios (reales o imaginarios) en los muchos años que reinó Huayna Cápac.

Gracias al *Códice Florentino*, obra del R. P. Sahagún, tenemos una lista comentada de ocho de estos augurios, escritas en náhuatl y español.

> Estos acontecimientos extraordinarios —llamado *tetzáhuitl*— son interpretados como señales de la futura caída del imperio mexica. Así, en 1509 (año 12 Casa), una gran pirámide de fuego cuya punta «llegaba hasta el cielo» apareció a medianoche en el Este, el fenómeno duró por espacio de un año, cada noche, y la gente «gritaba y se espantaba. Todos sospechaban que era señal de algún gran mal». Después, un edificio del templo de Huitzilopochtli —el dios principal de los mexicas— se quemó sin razón alguna; los sacerdotes del templo llamaron a la población para apagar el incendio, sin embargo, «venida el agua echábanla

sobre el fuego y no se apagaba, sino antes más se encendía. Y así se hizo todo braza». También se quemó el templo de Xiuhtecuchtli, el dios del fuego, destruido por un rayo: «Espantáronse desto porque no llovía sino agua menuda, que no suele caer rayo cuando así llueve, ni hubo tronido». El cuarto presagio se manifestó en forma de un cometa: «Parecían tres estrellas juntas que corrían a la par muy encendidas y llevaban muy largas colas», lo cual provocó que la gente gritara, «sonó grandísimo ruido en toda la comarca». Poco después las aguas del lago se levantaron «sin hacer aire ninguno» y las olas llegaron hasta las casas, algunas de las cuales cayeron. La sexta señal fue que se escuchó en la noche el llanto de una mujer que decía «¡Oh, hijos míos! ¿Dónde os llevaré?». Otro día los pescadores capturaron en la laguna una grulla con un espejo en la cabeza y fueron a mostrarla a Motecuhzoma. El rey, atónito, observó en el espejo, primero «el cielo y las estrellas, y especialmente los Mastelejos que andan cerca de las *cabrillas*», y poco después «una muchedumbre de gente junta que venían todos armados encima de caballos» —el texto náhuatl llama *mázatl* «venado» a los caballos—. Cuando Motecuhzoma quiso enseñar el prodigio a sus «agoreros y adivinos», la grulla desapareció. Lo mismo sucedió con personas monstruosas con dos cabezas, las cuales, apenas vistas por el rey, se esfumaban (Olivier, 2019:30-32).

VI
La guerra inconclusa

Como hemos repetido hasta la saciedad, las crónicas revelan con especial énfasis los intereses de los propios escritores, al lado de la información histórica, que en muchos casos es relatada y modificada (o inventada) de acuerdo a la conveniencia del cronista. Un ejemplo palpable de lo dicho se puede apreciar en el exabrupto de Huáscar ante la presencia del cadáver de Huayna Cápac que llegaba de Quito, acompañado por los nobles cusqueños, mujeres nobles, cautivos y servidores, que venían a participar en el solemne *Purucaya* que debería celebrarse en el Cusco.

Las groseras frases que Juan Betanzos atribuye a Huáscar no son frecuentes en otros cronistas, ni la humillación a la viuda del Inca o el maltrato a quienes llegaban, luego de tan largo viaje. Especialmente si lo que debía celebrarse de inmediato eran los funerales de Huayna Cápac. La determinación del escritor en componer un relato ensalzando a Atahualpa y, por tanto, a la mujer con la que el cronista convivía, lo llevan a crear una escena poco creíble en el contexto ritual que debió acompañar el recibimiento de quien fuera Inca del Tawantinsuyu. Lo dicho no elimina los insultos entre los dirigentes de cada uno de los contendientes, como los que profiere Quizquiz, dirigidos a Huáscar, ya en condición de prisionero, pero aun en esa situación, la respuesta del Inca se mantiene lejos del exabrupto recogido por Betanzos (Sarmiento, 2012:460).

Curiosamente, en el mismo párrafo, se completa la información relacionada con el *Purucaya* que se celebra en Quito. Dice el cronista que en el ritual ese hicieron muchos «bultos», es decir, *wawqes*, aprovechando las uñas y cabellos del fallecido, para desplegar su imagen en los lugares que ya estaban reservados (Betanzos, 2004:244-245).

Las descripciones de los funerales de Huayna Cápac tienen un lugar especial en la mayoría de los cronistas: «para las honras de Guaynacapa avían venido al Cusco los más de los señores naturales de las provincias, tuvieron que ser [al mismo tiempo] la fiesta de su coronación [Cieza se refiere a la toma del poder por Huáscar, que fue] grande y de presto entendida y sabida y así lo determinó hacer» (Cieza 1985:segunda parte, 204). No bien el cortejo fúnebre llegó a Cusco, el Inca Huáscar inició las ceremonias por las que asumía la *maskaypacha*.

> Hizo el ayuno «con la observancia que su costumbre requería. Salió con la borla muy galano y hiziéronse grandes fiestas y pusiéronse en la plaza la maroma de oro [la Huasca, que generó su nombre] con los bultos de los Yngas y conforme a la costumbre dellos gastaron algunos días en beber y en sus areytos (voz taína: canto popular y danza de los antiguos indios de las Antillas y Mesoamérica. Fernández de Oviedo 2010:133); y acabado, fue la nueva a todas las provincias y mandó el nuevo rey de lo que avían de hacer, enviando a Quito [es decir ordenando a

Atahualpa que] truxesen las mujeres de su padre y su servicio […]» (*ibidem*:205).

El reclamo de Huáscar, nos dice el cronista, decidió la ruptura de relaciones entre los hermanos e hizo transparentes las ambiciones de la nobleza cusqueña asentada en Quito, que durante los seis años de residencia de Huayna Cápac había creado los lazos de solidaridad e intereses comunes entre quiteños y los cusqueños que llegaron junto con el padre de los contendientes. Cieza menciona a Ylla Topa como uno de los nobles cusqueños que alentó las ambiciones de Atahualpa, entablando relaciones con los jefes militares locales: Chalaquichima (Chalcuchimac), Ynclagualpa, Uriminavi (Rumiñahui), Quizquiz, Sopecopagua y otros. En consecuencia, lo que había pertenecido al Inca Huayna Cápac, en lugar de enviarlo a Cusco, incluyendo las mujeres del monarca fallecido, le fueron entregados a Atahualpa (*ibidem*:204-205). Lo que pudo ser la razón del enojo del Inca cusqueño y sus insultos a quienes regresaban con el cadáver, por no haber forzado a Atahualpa a cumplir lo que se le ordenaba.

Las noticias de estas contradicciones se hicieron visibles en Cusco y se tomaron las previsiones para una campaña militar, nombrando como «capitán general a Atoco» (del quechua *atoq* = 'zorro') que empezó a reclutar los efectivos para enfrentar la guerra. Para ello visitó los cañaris, de antigua relación con los incas, que ya habían recibido los pedidos de alianza de Atahualpa, pero no los sedujo sus ambiciones y fue aprisionado, sin embargo, logró escapar y volver a Quito. Fue allí donde organizó su propio ejército, nombró como «capitán general a Chalcuchimac», que derrotó a las fuerzas de Atoco. Nuestro cronista nos relata que luego de esta victoria, Atahualpa decidió tomar la *maskaypaycha* en Tumibamba, ceremonia «que no siendo en el Cusco teníase por cosa frívola» (*ibidem*:208-210). Como veremos más adelante, existe otra ocasión en la que se afirma que el ritual, con todo el aparato conveniente y un público obsecuente, tuvo lugar en Caranqui (Betanzos, 2004:259). Lo más probable es que se repitiese la ceremonia, para darle la importancia que se merecía y pudiese llegar al público que le interesaba al nuevo Inca.

No vamos a detallar los incidentes bélicos que sucedieron a lo largo de la guerra entre los hermanos que, además de sus propias tropas y rivales directos, tuvieron que soportar la hostilidad militar de quienes (grupos étnicos o confederaciones) descubrieron fácilmente que el imperio estaba en crisis, y era la ocasión propicia para lograr la siempre ansiada autonomía.

La ventaja de contar con guerreros experimentados como Chalcuchimac y Quizquiz hizo prevalecer a las fuerzas de Atahualpa, eso determinó que, en un primer combate en Riobamba, se impusiera de manera concluyente.

La respuesta del Cusco fue crear un ejército numeroso y ponerlo a las órdenes de Guanca Auqui, que atacó Tumibamba produciendo enormes daños en las tropas rivales, que fueron sorprendidas en un período de descanso. La respuesta de los «generales» de Atahualpa fue contundente y Guanca Auqui tuvo que huir con el remanente de sus fuerzas a Cajamarca para reunirse con nuevos combatientes enviados por Huáscar para que pudiese recuperarse.

Esta vez, a los cañaris, que ya habían combatido por el Cusco, se sumaron tropas de Chachapoyas y más tarde se recurrió a reclutas de diversas regiones del imperio, sin mejor resultado.

Los dos encuentros siguientes fueron igualmente otras tantas derrotas para Guanca Auqui, a pesar de nuevos refuerzos enviados por el Cusco (Sarmiento, 2012:457-458).

A lo largo de la contienda un cambio de lealtades hace de Cuxi Yupanqui, hermano de Angelina Yupanqui, la mujer del cronista Betanzos, uno de los líderes de las tropas atahualpistas. Al inicio de la contienda Huáscar los envía a Xaquixahuana (Pampa de Ante, valle de Cusco) con un pedido complejo: «Yo os quiero enviar a todos vosotros, sus deudos, para que matéis y me traigáis su cabeza, porque he de beber en ella», aludiendo al cráneo de Atahualpa, convertido en vaso ceremonial, mostrando su desprecio por su rival (Betanzos, 2004:249). El resultado obvio de tal pedido fue que a pesar de que Cuxi Yupanqui debió unirse a uno de los jefes militares de Huáscar y viajar a Quito para tratar con los cañaris para combatir a Quizquiz, Chalcuchimac y otros jefes quiteños, pero lo único que consiguió fue compartir la derrota con los guerreros que lo acompañaban. Pero Atahualpa no sólo perdonó a su «deudo», sino que lo incorporó a su equipo militar con el mando suficiente como para liderar sus tropas y participar en su lucha contra rivales como los Pastos y la provincia de Toquiri, para regresar a Caranque (o Caranqui), que tanto trabajo le había costado dominar a su padre. En ese lugar se encontraba el edificio que había mandado construir en su honor. Fue allí, nos dice Betanzos (*ibidem*:259), donde Atahualpa hizo el ayuno y las ceremonias correspondientes para tomar la *maskapaicha* y lucirla ante nobles de Quito y Cusco. Esta vez el rito contó con el *wawqe* de Huayna Cápac, que Cuxi Yupanqui había recibido tiempo atrás del entonces Inca gobernante y que era usado remplazándolo en las batallas (*ibidem*:249) y que «habló» a lo largo del ritual, a través de Cuxi Yupanqui, como si lo hubiera poseído.

Las ceremonias de coronación de Atahualpa tuvieron un corolario especial: su matrimonio con Cuxi Rimay Yupanqui (Angelina), que el cronista explica que asume la boda en condición Piuiguarme Mamanguarme, es decir, como mujer principal del Inca Atahualpa, a pesar de su corta edad (11 años), título que años más tarde será de considerable apoyo a las funciones de su nuevo marido (*ibidem*:259).

Atahualpa, en vista de los éxitos, decidió ser él mismo quien asumiera el rol de vencedor y se desplazó a Huamachuco (distrito de la provincia de Sánchez Carrión, departamento de La Libertad) y a continuación marchó a Cajamarca para participar en la derrota final de Huáscar e ingresar triunfante a Cusco.

El viaje a Huamachuco era una necesidad para el Inca vencedor, en primer lugar, se trataba de lo que podríamos llamar una «provincia incaica» (Topic y Topic, 2020:407) en donde se concentraba el culto a Catequil, uno de los oráculos más importantes del Imperio incaico. El santuario estaba ubicado en el cerro Icchal y el respeto a su calidad sagrada fue llevado desde Huamachuco hasta lo que hoy es la república del Ecuador, donde se han ubicado algunos de los lugares (*ibidem*:251-252) donde se respetó su poder, usando el nombre de Catequilla. Cuando Atahualpa se detuvo en su santuario fue para castigar a quien interpretaba las profecías del dios Catequil. En respuesta a la pregunta del Inca acerca del futuro de su empresa, el anciano servidor del oráculo replicó con un reproche: «el Ynga, hijo del Sol, no matase tanta gente porque de ello estaba enojado el Viracocha». Lo que decidió que fuera sacrificado de inmediato y que se destrozaran las imágenes del santuario. Conviene decir que el castigo ya estaba decidido antes de la consulta, el agorero había anunciado que el triunfador de la contienda por la maskapaicha sería Huáscar, y el Inca vencedor no se lo perdonaría (Topic y Topic, 2020:238, 240; Millones, 1992:141-167).

Más allá de los muchos encuentros de armas que no detallaremos, la batalla que aniquiló las fuerzas de Huáscar y determinó su condición de prisionero tuvo lugar en Cotabambas (distrito de Cotabambas, provincia de Cotabambas, departamento de Apurímac) en el límite con el departamento del Cusco (Patterson, 1992:122).

Los castigos de la nobleza que apoyó a Huáscar no se hicieron esperar:

> Otro día de mañana después de la batalla, [Quizquiz] embio a requerir a los Orejones de el Cusco, y a sus Capitanes, que todos viniesen a dar la ovediencia a la estatua de sus Señor Ataualllpa (que consigo traya) a quien llamauan Ticci Capac, que quiere decir, señor de los últimos fines de la tierra: y los Orejones como oyeron este mensaje, hallaronse perplejos en la determinación de

su cumplimiento: y para responder pidieron tres días de termino: y Quizquiz se los concedio, (porque como tenían en buena custodia á Guascar Ynga no se temio de rebolucion alguna) y estos tres días gastaron los orejones en Cavildos y consultas si darían la obediencia a Atauallpa o bolberian de nueuo a tomar las Armas: y al cabo salio determinado sujetarse a los que Quizquiz quería, y para dar la obediencia fueron saliendo de el Cuzco por sus ayllos y parentelas, y llegados a el llano Quivipay, se fueron sentando por su orden: haciendo una profunda reverencia a la Ymagen y estatua de Atauallpa, en señal de darle la obediencia, y sentados todos, luego los soldados de Quizquiz (armado y puestos en orden de guerra) los cercaron en torno: y comenzaron a prender a los más señalados Yngas y Orejones: y el primero que allí se prendió (sacándole de en medio de aquella confusa multitud) fue el infelice y mal fortunado, Guanca Auqui, y con él a Guapanti, y a Paucarusno Capitanes suyos, prendieron luego á Apoc Challco Yupanqui, y a Rupaca (entrambos sumos Sacerdotes del Sol) porque ellos auian sido los que auian dado a Guascar Ynga, las investiduras de Rey; y juntamente con estos, otros muchos, de menos calidad, aunque también de la sangre y linaje de Yngas. Y levantándose en pie el General Quizquis comenzó a afrentarlos, y concluyo, con que usando de la clemencia que a sí y a su valor deuia, los perdonaua por entonces: y se satisfacía su justicia con que cada uno se le diese en las espaldas ciertos golpes, con los Chumbis a maneras de mazas, hechas de piedra: acababa esta begnigna crueldad, mandó matar á algunos, con quien él deuia estar disgustado y no tan presto era mandado, quan presto era obedecido, luego mando pregonar que todos generalmente volviesen el rostro hacia donde les demoraua el Quito; y adorasen y saludasen con altas , y alegres bozes a Atauallpa su señor, y ansi començaron a aclamar: biva muchos años Atahuallpa nuestro señor Ynga, el Sol su padre le acreciente la vida, y la tierra le permita hollarla, largo tiempo, y le ayude a regarla con la sangre de sus enemigos, y dizendo estos se pelaban la cejas, y pestañas, y las arrojaban hacia aquella parte, en señal de sacrificio, hechas estas ceremonias y otras, mando traer ante si, a Mamaragua Ocllo, madre de Guascar Ynga, y a Chuquiuzpay su mujer, con arta vergüenza, y confusión de los que las miraban y con arrogantes palabras dijo a la afligida viuda: ¿De dónde os nace a vos (presuntuosa vieja) desuanezeros, y levantaros en soberbia, creyendo tener por hijo algún justo o buen Principe, o que aya suvido a el estado de Ynga, por justo camino? Pues sabeys vos que quando lo pariste, erades manceba de Guayna Capac y no coya, ni señora (como es haceis estimar) y conociendo esta verdad mi señor Guayna Capac, en su fin y muerte dejo por su heredero ligitimo, a su buen hijo Nina Cuyuchic (que luego murió) y estos bandoleros sacerdotes y descomedidos viejos, en gran menos precio de Atauallpa mi señor (que oy os tiene sujetos) le dieron la borla y le vistieron el Tarco gualca (insinias de que él era indigno) a vuestro Guascar que os a puesto en el estado en que estays (Cabello, 1951:459-461).

Como era de esperar, la violencia desatada por los jefes militares de Atahualpa produjo desconcierto en la población (de nobles a *hatun runas)* del Cusco y regiones aledañas. Lo que estaba sucediendo no era un cambio de gobernante, mucho más que eso, era desorganización de un mundo conocido, construido desde mucho tiempo atrás, con sistemas de intercambio de bienes y formas de comercio interrumpidos, con ritmos de vida preestablecidos ahora en manos de gente desconocida, cuya autoridad no era previsible, sin el control de festivales antes calendarizados y con la presencia de nuevos servidores de los dioses.

Como en anteriores situaciones de crisis generalizada, quienes no habían caído en manos de los vencedores decidieron hacer «un solemne sacrifico al dios Viracocha [Wiraqocha], suplicándoles que atento a que ellos no eran poderosos para librar a su Señor [Huáscar] de los manos de sus enemigos, él tuviese por bien de enviar socorro y gente que lo sacase del poder de aquellos capitanes que en nombre de Atahualpa lo tenían preso» (Cobo, 1964:98).

El sacrificio ofrecido nos recuerda lo que se conocía con el nombre de *qapaq ucha,* es decir, la matanza multitudinaria de niños y niñas entre 10 y 14 años con que se conjuraban las desgracias generalizadas como una gran sequía, terremotos, inundaciones o la enfermedad o muerte del Inca (Matos Moctezuma y Millones, 2016:79-80) y que nuestro cronista los describe de manera simplificada, pero que se justificaba dado que a la derrota de Huáscar, muy pronto habría que sumar el arribo de los invasores españoles:

> se mataron muchos niños y llamas de diversas maneras y se quemó cantidad de ropas y muchas otras cosas de precio. Estando los indios muy confiados en el valor de esta ofrenda llegó al Cusco [la] nueva [noticia de] cómo cierta gente extraña venida por la mar había en Cajamarca desbaratado y preso a Atahualpa, y teniendo los indios este hecho por misterioso, [despertó el respeto por los invasores] de ser tan pocos en número los españoles

> que prendieron al Inca, y principalmente por haber sucedido poco después de que ofrecieron su sacrificio, llamaron *viracochas a los españoles* (nombre que les dura todavía), porque creyeron que era gente enviada por su dios Viracocha (*ibid*:80).

Nuestro cronista sospecha que la necesidad de este *qapaq ucha* habría sido difundida por el propio Huáscar prisionero, pero no es un rumor creíble, dada la situación del monarca prisionero. Lo que nos comunica otro cronista es que Huáscar profirió un lamento en voz alta, cuando vio sacrificar a dos de sus hermanas-esposas y a los hijos que había engendrado en una de ellas: «Hoy, hoy, Pachayachachi Viracocha, tú que por tan poco tiempo me favoreciste y me honraste y diste ser, haz que quien así me trata se vea desta manera y que en su presencia vea lo que yo en la mía he visto y veo» (Sarmiento, 2012:468).

VII
Captura y prisión de Atahualpa

El 16 de mayo de 1532, Francisco Pizarro pisa por primera vez lo que hoy es territorio peruano: Tumbes. El recorrido previo ya había dejado enfermos a un buen número de los viajeros, por lo que un grupo de ellos se quedaron allí, abandonando la aventura, para regresar a Panamá y Nicaragua. Sin noticias precisas de lo que se encontraría adelante y con algo más de 200 hombres entre jinetes y peones, siguieron hacia el sur, cruzando el límite de Tumbes para llegar a lo que hoy es territorio del departamento de Piura. Entre caminatas y necesarios descansos, habían transcurrido nueve días.

El paisaje mejoró notablemente por la presencia del río Chira, cuyas riberas mostraban una población numerosa, tierra trabajada con buena producción y llamas. Los españoles no lo sabían, pero habían llegado al territorio de los tallanes.

Se trata de una sociedad de la que tenemos noticia arqueológica desde el período que se conoce como fines del Horizonte Medio, aproximadamente entre los años 900-1000 d. C. Se supone que formaron parte de una confederación (algunos arqueólogos la califican como

Estado) con el nombre de Sicán, y que ocuparon los valles de Piura, Chira y Tumbes.

Los tallanes reaparecen en los documentos referentes a las primeras expediciones de la Conquista, los españoles quedaron asombrados de la capacidad de tales nativos en el manejo de varios idiomas, que puede explicarse por el carácter multiétnico de la región y la movilidad que permite un territorio con aguas navegables. Tiempo atrás habían estado bajo el gobierno del reino Chimú o Chimor, alrededor de 1450, ahora eran súbditos del Tawantinsuyu.

El trato con los españoles no siempre fue amable, pronto hubo dos o tres víctimas en la hueste conquistadora y la queja de quienes aceptaron recorrer los poblados de la región, sin la protección militar necesaria. Pizarro no dudó en escarmentar a los jefes indígenas culpables e impuso autoridades que mostraban sumisión, aunque en más de un caso, fue solamente fingida. En todo caso, una vez sufridas estas experiencias, los españoles tuvieron por fin una pintura general de la situación, estaban en un área provincial, lejos del centro de la sociedad por conquistar, que recién había cambiado de líder. Quien había tomado el poder se llamaba Atahualpa, y el destino de la expedición invasora sería el Cusco, más tarde se enterarían de que el líder indígena estaba mucho más acerca del territorio de los tallanes y decidieron enfrentarlo. En Cajamarca, el Inca vencedor estaba descansando de un largo viaje, que también pretendía finalizar en el Cusco (Millones, Mayer y Aguirre, 2021:27-31).

Las informaciones sobre los incas tenían su contraparte en las que Atahualpa recibía acerca de los españoles, en ambos casos los tallanes fueron la primera fuente del arribo de los extranjeros. En busca de datos fidedignos y preocupado por los compañeros sacrificados, Francisco Pizarro se trasladó al lugar que habían llamado La Chira, y dejó a su hermano Hernando con el resto de la gente en lo que hoy es el reservorio de Poechos (embalse moderno del río Chira). Fue allí donde llegó un noble incaico, enviado por Atahualpa para recoger noticias veraces acerca de los recién llegados, situación muy especial, que motivó en nuestros días la novela *El espía del Inca.* La llegada del «orejón» andino alborotó a los tallanes y aunque tomó las ropas del lugar, no se pudo ocultar el temor con que el pueblo norteño observó su comportamiento, dado que sus observaciones y su posterior informe podría desencadenar, más tarde, la represalia del Inca por haber apoyado a esos extranjeros.

El enviado de Atahualpa trató de desviar la atención fijada en él, acercándose directamente a Hernando Pizarro llevándole frutas del lugar, pacaes o guanas, disculpando al *curaca* de Poechos por no haberlo hecho él mismo. No engañó al hermano de Francisco, que lo golpeó y despojó de los vestidos tallanes (Pedro Pizarro, 1978:28).

Más tarde regresaría, vistiendo su atuendo oficial de enviado del Inca, e intentaría negociar con los españoles un primer encuentro pacífico en Cajamarca, pero eso no sucedió.

Una vez fundada San Miguel de Tangarará (15 de julio de 1532), la primera ciudad en territorio peruano, y nombradas sus autoridades y vecinos, la hueste hispana partió a Cajamarca, haciendo circular el rumor de que iban a reponer a Huáscar «el señor natural deste reino, que iba de caída». En camino, Pizarro se detuvo en Serrán (un centro poblado del distrito de Salitral, provincia de Morropón, departamento de Piura), lo hizo por la nueva aparición del Apu o Señor enviado de Atahualpa. Esta vez con nuevos regalos: patos desollados y dos camisetas de argentería (bordados con hilos de plata y oro) que el cronista Pedro Pizarro interpreta como un pretexto para que el espía de Atahualpa tuviera una mirada cercana de la cantidad de soldados españoles, sus cabalgaduras, sus armas y aliados indígenas. Sabiamente, Francisco ordenó a su gente que no lo estorbasen, aunque sus huestes se mostraron preocupadas por el futuro encuentro, el conquistador mantuvo su fe en el poder de las armas de fuego y la experiencia de sus hombres (*ibidem*:31).

Llegados a Cajamarca, Francisco Pizarro envió a Hernando de Soto para repetir la cortesía y apreciación militar que le había hecho el noble incaico. Atahualpa estaba disfrutando de las aguas termales en lo que hoy es el distrito «Baños del Inca», a unos 6 km de Cajamarca, a 2 680 m s. n. m. Acompañaron a Soto veinte jinetes aprestados militarmente y el traductor, bautizado como Martín (Martinillo), sobrino de Maizavilca, *curaca* de Poechos, con un corto discurso explicó que venían de parte de Dios y del rey de España, para predicarles la verdadera religión y tenerlos como amigos, y que lo esperaba en Cajamarca para verse personalmente, en son de paz (*ibidem*:32-33). Atahualpa respondió a Soto que regresase a Cajamarca y que le dijese a Pizarro y a los demás cristianos que él iría por la mañana, donde ellos estaban y que [los españoles] pagarían el desacato que habían tenido en tomar unas esteras donde dormía su padre, Huayna Cápac, cuando aún vivía, y por todo lo que se habían apropiado, desde la bahía de San Mateo (Esmeraldas, Ecuador) hasta allí (Cajamarca) y [lo que se hubiesen] comido, se lo tuviesen todo junto para cuando él llegase (*ibidem*:33).

Frente a tal desafío, Soto quiso replicar haciendo una escaramuza con los jinetes a su mando, maniobrando para que los caballos llegasen muy cerca de los indios que estaban sentados cerca de la entrevista, la actuación tuvo un resultado ambiguo: quienes vieron y sintieron la actuación de Soto y sus hombres, de manera próxima, se levantaron y se retiraron con miedo. Atahualpa permaneció impasible, y mandó matar a quienes mostraron temor a caballos y jinetes y ordenó a Rumiñahui, uno de sus jefes militares, que tomase el espacio por donde seguramente iban a huir los españoles y que llevasen el número suficiente de sogas para atarlos a todos. El número de los invasores sería incapaz de resistir las fuerzas del Inca, que Soto había calculado en 4 000 efectivos, en una obvia exageración del cronista (*ibidem*:33-34). No había que esperar otro resultado. Producido el encuentro, y como «Rumiñagui, oyó el sonido de la artillería, y vio que un christiano despeñó de una atalaya abajo al indio que le tenía de hazer la seña para que acudiese, entendió que los Españoles hauian vencido, y se fue con toda su gente huyendo, y no paró hasta la prouincia de Quito, que es mas de dozientas y cincuenta leguas de allí» (Zárate, s/f:15).

Una mirada a las prevenciones de las fuerzas que entrarían en combate nos dice que al no tener experiencia de enfrentamientos previos con los españoles, Atahualpa dio por sentado que el número de sus combatientes indígenas, que los cronistas españoles hacen crecer hasta el ridículo, definiría la victoria incaica. Para Pizarro era claro que este encuentro era de proporciones mayores a los que tuvo en las Antillas o el extremo del continente, pero le resultaba evidente el poder de su precaria artillería y el impacto de los caballos, así como las ventajas de contar con ropas adecuadas y armas para la lucha cuerpo a cuerpo. Además, su rival le daba la ventaja de ubicarse en el campo de batalla antes de que llegasen los guerreros nativos, lo que permitía estudiar el terreno y disponer a su propia gente. De acuerdo con esto, Pizarro dividió a la caballería y a los de a pie en dos partes (63 hombres a caballo y 93 infantes [Del Busto, 2001:II, 39]), al mando de la mitad de los jinetes colocó a su hermano Hernando y la otra mitad se la dio a Hernando de Soto. Hizo lo mismo con quienes combatirían a pie, tomando el propio Francisco la dirección de la mitad, y entregando la otra mitad a su hermano Juan.

El falconete que usaba Pedro de Candía (artillero de las tropas españolas) era una culebrina (de 7 a 10 kg) que solo podía lanzar proyectiles hasta de un kilo y medio. Lo acompañaban dos o tres soldados de a pie con trompetas, que deberían sonar en el momento que hiciera fuego el falconete. Pizarro los ubicó «en una fortalecilla que estaba en la plaza de Cajamarca» (P. Pizarro, 1978:35).

Atahualpa se tomó su tiempo para llegar a Cajamarca, cuando lo hizo al atardecer del 16 de noviembre de 1532, «precedido de dos mil indios que le barrían el camino y gente de guerra, la mitad de un lado y la mitad de otro por los campos sin entrar al camino. Traía asimismo al señor de Chincha consigo, en unas andas, que parecían a las suyas, cosa de admiración, porque ningún indio, por señor principal que fuese, había de aparecer delante de él, sino fuese con una carga a cuestas y descalzo» (*ibidem*:37).

Los españoles se mantuvieron fuera de la vista, ocupando recintos en la plaza que los ocultaban de la vista de los indígenas, mientras el cortejo del Inca iba tomando toda la extensión de la plaza, al mismo tiempo que desfilaban cantando y luciendo ropas de fiesta.

> estando dentro hasta seis o siete mil hombres; como él vio que ninguna persona salía a él ni parecía, tuvo creído y (así lo confesó él después de preso), que nos habíamos escondido de miedo de ver su poder y dio una voz y dijo: «¿Dónde están estos?». A la cual salió del aposento del dicho gobernador Pizarro, el Padre Fray Vicente Valverde, de la Orden de los Predicadores, que después fue Obispo de aquella tierra, con la Biblia en la mano y con él Martin «lengua» [traductor], y así juntos, llegaron por entre la gente a poder hablar con Atabalica; al cual [Valverde] le comenzó a decir cosas de la Sagrada Escritura y que Nuestro Señor Jesucristo mandaba que entre los suyos no hubiese guerra ni discordia sino toda paz; y que él en su nombre así se los pedía y requería; pues había quedado de tratar de ella el día antes, y de venir solo, sin gente de guerra; a las cuales palabras y otra muchas que el fraile le dijo, él estuvo callando sin volver respuestas; y tornándole a decir que mirase lo que Dios mandaba, lo cual estaba en aquel libro que llevaba en la mano escrito, admirándose, a mi parecer, más de la escritura que de lo escrito en ella, le

pidió el libro, y lo abrió y lo ojeó, mirando el molde y la orden de él y después de visto le arrojó por entre la gente, con mucha ira y el rostro muy encarnizado diciendo: «Decidles a ésos que vengan acá, que no pasaré de aquí hasta que me den cuenta y satisfagan y paguen lo que han hecho en la tierra». Visto esto por el fraile y lo poco que aprovechaban sus palabras, tomó su libro y abajó su cabeza y fuese para donde estaba dicho Pizarro casi corriendo y díjole: «¡No veis lo que pasa!, ¿para qué estáis en comedimientos y requerimientos con este perro lleno de soberbia, que vienen los campos llenos de indios? ¡Salid a él, que yo os absuelvo!» y así acabadas de decir estas palabras que todo fue un instante, tocan las trompetas, y parte de su posada con toda la gente de pie que con él estaba: diciendo: ¡Santiago a ellos! Y así salimos todos a aquella voz a una; porque todas aquellas casas que salían a la plaza, tenían muchas puertas y parece que se habían hecho a aquel propósito. En arremetiendo los de caballo y rompiendo por ellos todo fue uno; que sin matar sino sólo un negro de nuestra parte, fueron todos desbaratados y Atabalica preso, y la gente puesta en huida; aunque no pudieron huir de tropel, porque la puerta do habían entrado era pequeña, y con la turbación no podían salir; y vistos los traseros cuán lejos tenían la acogida y remedio de huir, arrinconáronse dos o tres mil de ellos a una lienzo de pared y dieron con él en tierra, el cual salía al campo, porque por aquella parte no había casas; y así tuvieron camino ancho para huir; y los escuadrones de gente que habían quedado en el campo sin entrar en el pueblo, como vieron huir y dar alaridos, los más de ellos fueron desbaratados y se pusieron en huida, que era cosa harto de ver, que en un valle de cuatro o cinco leguas todo iba cuajado de gente; en esto vino la noche muy presto y la gente se recogió y a Atabalica se puso en una casa

> de piedra, que era el templo del sol; y así se pasó aquella noche con gran regocijo y placer de la victoria que Nuestro Señor nos había dado (Estete, 1968:375-376).

Una vez preso, Atahualpa buscó la manera de transar con sus captores para lograr su libertad. No era difícil descubrir sus ambiciones, desde su llegada la ansiedad por oro y plata, y otras piedras preciosas, descubría las necesidades de los conquistadores. Les prometió entonces

> que henchiría un aposento donde el Marqués [así se hacía llamar Pizarro, título que nunca le fue concedido] estava, de oro, y el galpón grande que tengo dicho, donde los españoles se recogieron, lo henchirían dos veces de plata, por su rescate. ¡Manda cierto de gran número! Y dicho esto, el Marqués don Francisco Pizarro, por consejo de sus capitanes y suyo, hizo llamar un escribano y que diese por fe lo que este yndio mandava, y asimismo preguntó al yndio para quien mandava esto y respondió que los mandan para todos los que se avian hallado en Cajamarca a su prisión y avian desvaratado su campo: estos españoles que aquí se hallaron en Cajamarca serian hasta dozientos; y este auto [conjunto de acciones judiciales que da constancia escrita del proceso] a continuación se diría (P. Pizarro, 1978:40-41)

El problema legal aparece apenas llegan Almagro y los oficiales del rey que deberían administrar esta riqueza, al determinar las partes que corresponderían a la Corona, a los que no estuvieron en la captura de Cajamarca y los gastos derivados de su evaluación en dinero de uso formal.

Teniendo en cuenta todo eso, se llegó a la conclusión de que si Atahualpa moría

> se acavara el *auto* hecho acerca del dinero... Pues dixeron al Marqués don Francisco Pizarro que no convenía que Atahualpa biviese porque si se soltaba, Su Magestad perdería la tierra y todos los españoles serían muertos, y a la verdad, si esto no fuera tratado con malicia (como está dicho), tuvieron razón, porque era imposible soltándoles ganar la tierra (*ibidem*:62).

Esta leguleyada no convenció a Pizarro y se mantuvo firme hasta que asomó el fingido peligro de que Atahualpa estaba organizando una «gran junta de gente para matar a los españoles en Caxas», la consecuencia inmediata fue la prisión de Chalcuchimac, que negó la existencia de tal complot, que no fue tomado en cuenta, ya que cada vez se hacía indispensable para sus intereses que desapareciera el Inca.

Por desgracia, en la discusión intervino un factor, que siendo ajeno a la trama legal, incidió en su resultado, el traductor encargado de llevar adelante el proceso fue Felipillo, uno de los indios que acompañó a la gente de Pizarro desde su paso por la Costa Norte, que también estaba interesado en la muerte del Inca, por razones diferentes: se había enamorado de una de las mujeres de Atahualpa. Al final, la presión de Almagro y de los oficiales del rey se hizo insostenible y, dada la incertidumbre que creaba la presencia de Atahualpa en la posibilidad de generar disturbios o intentos de rescate en el largo viaje que había que hacer al Cusco, decidieron a Pizarro a firmar su sentencia de muerte (*ibidem*:61-62).

La muerte del Atahualpa fue precedida por la de su rival, Huáscar. Su precaria existencia en prisión bajo el cuidado y torturas de Chalcuchimac, «capitán general» de las fuerzas de Atahualpa, había despertado en Pizarro la idea de entrevistarse con él, volviendo a lo que se había proclamado al inicio de las acciones: «que los españoles tenían la intención de entregar el poder al legítimo gobernante». Naturalmente lo que estaba detrás de esa falacia era la intención de llegar a «tesoros» que podrían ser conocidos solamente por quienes habían ocupado Cusco desde mucho tiempo atrás.

Hasta donde sabemos, tal entrevista no llegó a realizarse, a pesar de que no faltan cronistas que así lo consignan. En todo caso, siguiendo las órdenes de Atahualpa:

> le dieron la muerte saliendo del tambo de Andamarca, treinta leguas antes de Cajamarca y tres más adelante de una laguna de Conchaconchucos. Muerto Huáscar, volvieron atrás huyendo sus criados con la riqueza que llevaban y temerosos de ser alcanzados de la gente de Atau-Hualpa, y porque este Inca no se aprovechase para su rescate del tesoro que llevaban de su señor, lo echaron en la laguna dicha (Cobo, 1964:99).

La magnitud del rescate ofrecido por Atahualpa competía con la ansiedad de reunir las piezas (en objetos y fragmentos de paredes y muros en metales preciosos) que se repartirían entre quienes compartieron la aventura de Cajamarca, aunque la legislación, muy pronto, podría derribar sus ilusiones. Para Pizarro era claro que la posesión del Cusco era indispensable para tener acceso al mayor número de minerales codiciados, el acceso a tales tesoros y la exploración del camino y ubicación de los espacios a ser ocupados por su gente tenían que hacerse a la brevedad posible.

Con este propósito, Pizarro envió al Cusco a «Martín Bueno, a Pedro Martín de Moguer con un "orejón" [denominación que los españoles usaron para la nobleza incaica, debido a la prolongación de estos órganos, por los adornos que pendían de ellos] que Atahualpa le dio que los llevase seguros, y a mandar que todo lo que ellos pidiesen les obedeciesen» (P. Pizarro, 1978:56). Antonio del Busto agrega un tercer español en esta misión, Juan de Zárate, que iría en calidad de escribano (Del Busto, 2001:103). A este necesario viaje de exploración, el conquistador quiso agregar otra aventura, ya había llegado a sus oídos la fama creciente del oráculo de Pachacamac.

Debió tomar la forma de santuario público desde la época que los arqueólogos llaman Horizonte Medio (600-110 d. C.), cuando se construyeron edificios que fueron ganando creyentes al ser atendidos por los sanadores de enfermedades y agoreros explicando presagios, como personal que residía en el templo. Ubicado a lo largo de la playa central de Lima, su culto tomó notoriedad entre los incas desde la época de Túpac Yupanqui (Millones, 2017:35-47). Para facilitar la tarea, se había encargado a Hernando Pizarro que visitara tan famoso templo:

> Atahualpa mandó llamar a los hechiceros de Pachacamac y allí en presencia del Marqués y de su hermano, les habló diciendo: «Yd con este hermano del apo [Apu= señor, persona de respeto]

y dadle todo el tesoro que tenéis en Pachacama, ydolo, que si yo he mandado un buhío de oro, vosotros podéis henchir dos, que ese Pachacama vuestro no es dios, y aunque lo sea, dadlo, quanto más lo es». Lo dicho por el Inca sorprendió a Pizarro, que pensaba que se le tenía por dios. La respuesta de Atahualpa fue concluyente; el tal Pachacama era un mentiroso y explicando este calificativo dijo: "As de saber, señor, que estando mi padre mal [enfermo] en Quito le ymbió a preguntar que haría para su salud, y [Pachacamac] dijo que le sacasen al sol y en sacándole, murió. Guáscar, mi hermano, le ymbió a preguntar que quien avía de vencer: yo u él, y dixo que él, y vencí yo. Quando vosotros benistes, yo le ynvié a preguntar que quien avia de vencer: vosotros u yo, y bensistes vosotros. Así que es mentiroso y no es dios, pues miente (P. Pizarro, 1978:57-58).

El desprecio de Atahualpa se corresponde con la actitud mostrada con el oráculo de Catequil, destruido por el Inca en su paso por Huamachuco, donde reaccionó ante las respuestas del servidor religioso, destruyendo el santuario.

En Pachacamac, Hernando Pizarro tuvo noticia de que Chalcuchimac estaba en Jauja con «mucha gente de guerra» y decidió llegar a él invitándoles a ir a Cajamarca para encontrar a Atahualpa, a pesar de lo agotador de la jornada, que este cronista relata que se alargó a tres meses. El jefe militar incaico llegó finalmente a donde estaban Francisco Pizarro y el Inca prisionero:

[...] entró aquel capitán, descalzo, con una carga a cuestas a ver a su señor, y con ser la principal persona de su reino, no le miró ni

> hizo caso de él, más que si fuera otro común y llegó y le besó los pies y las manos y le dio paz en el rostro y así dándole la mano, se salió y se fue de su aposento (Estete, 1968:385).

Como dijimos páginas atrás y como era de esperar, la llegada de Diego de Almagro con su gente y quienes se sumaron a esta zona de conquista, luego de haber estado en Tierra Firme y Nicaragua, reactivó el dilema planteado por el rescate de Atahualpa. El Inca pudo advertir que con el socio de Pizarro se sumaba un partidario más del fin de sus días, a ello tuvo que agregar el viaje de Hernando Pizarro, con quien había desarrollado una relación amistosa. El hermano del conquistador tenía que viajar a España para entregar el quinto al rey. «Esta quinta parte del botín de Cajamarca sumaba 150 069 pesos de oro y 5 048 marcos de plata» (Del Busto, 2001:II, 146).

Tras un juicio sumario se condenó a Atahualpa:

> Atabalipa, como supo la cruel sentencia, quexávase a Dios todopoderoso de la poca verdad que le guardaron los que le prendieron; no hallaba medio para escapar; si creyera que los avía por más oro, diérales otra casa y aún otras quatro; dezía muchas lástimas que avían gran piedad los que lo oyan de su juventud, hablaba por qué le matavan aviéndoles *dado* tanto y no hécholes mal ni enjuria; quexávase de Piçarro y con razón. Sacáronle de donde estaba a las *siete* de la noche poco más o menos. Lo llevaron donde se avía de hazer la justicia, yendo con él fray Viçente y Juan de Porras, *el capitán Sauzedo* y otros algunos. Yva diciendo por el camino estas palabras formales: «¿Por qué me matan a mí? ¿a mí por qué me matan? ¿Qué he hecho yo, mis hijos, mis

> mujeres?» y otras palabras destas, Fray Viçente le yva amonestando se volviese cristiano o dexase su seta. Pidió el bautismo y el fraile se los dio. Luego lo ahogaron, e por cumplir la çentençia le quemaron con unas pajas algunos de los cavellos, que fue otro desatino; dizen algunos de los indios que Atavalipa antes que le matasen, que le aguardasen en Quito, que allá le bolberían a ver hecho culebra. Dichos dellos deven de ser. Fue tan grande el sentimiento que las mujeres e sirvientas hazían que pareçía rasgar las nuves con alaridos. Quisieran muchas matarse y enterrarse con él en la sepultura, mas no se les permitió. La bolra [conjunto de hebras o pequeños cordones reunidos y sujetos por uno de sus extremos que se emplea como adorno en sombreros, cortinas o muebles] la echavan en la sepultura. Morales, el clérigo lo sacó e llevó a España. Como las mujeres viesen que no se podían enterrar con su señor, se apartaban y se ahorcavan de sus mismos cavellos y con cordeles. Fue aviso a Piçarro y si en ello no pusiera remedio se ahorcaran e mataran más de las mujeres. Enterró este clérigo dicho [Morales] [a] Atavalipa, dándole eclesiástica sepoltura con la pompa que se pudo, llevando algunos sonbreros en señal de luto, Plega a Dios, sin [o] con corazón pidió el bautismo le tenga en su gloria, que será otro deleyte y riqueza que mandar a el Perú; y a los que lo mataron tan mala muerte perdone, que todos *están* allá (Cieza, 1989:tercera parte, 170-171).

Las aventuras del cadáver no concluyen aquí, las ceremonias cristianas con que se acompañó su entierro no tenían significación alguna para nobles o hatunrunas indígenas que fueron testigos de su sacrificio. Entre ellos estaba Cuxi Yupanqui, que buscaba la oportunidad de raptar a su hermana, Angelina, ya en manos de Francisco Pizarro, que había partido en dirección al Cusco, Cuxi Yupanqui lo siguió por algunas jornadas, pero comprendió que no podría hacerlo, porque la niña (entonces de doce o trece años) estaba bien resguardada. Se decidió por una tarea de mayor trascendencia política, desenterrar el cuerpo de Atahualpa y llevarlo a Quito, avisando a Rumiñahui, otro de los jefes militares del difunto, de los alcances de su plan, que llevó a cabo sin mayores problemas, ya que el cuerpo del Inca, una vez enterrado no merecía mayor atención de los invasores, en la precaria iglesia de Cajamarca.

Rumiñahui debió adivinar las implicaciones futuras del plan de su compañero de armas, una vez en Quito, portando el cuerpo del Inca, luego de haberlo arrancado de su tumba, le sería posible asumir el mando del ejército incaico o lo que quedase de él, y proclamarse Inca o señor de los restos del imperio o al menos de lo que fue llamado el reino de Quito.

> Se propuso entonces de le matar a Cuxi Yupanqui, como mejor pudiese, y tomar el cuerpo de Atagualpa y ansí quedarse Señor. Y para poder salir con esto, juntó a la gente de guerra que consigo tenía y descendió en busca de Cuxi Yupanqui, so color que iba a recibir el cuerpo de Atagualpa; y como llegase a do Cuxi Yupanqui llegaba, el Rumiñahui hizo su acatamiento al bulto de Atahualpa y hízole cierto sacrificio. Y el Cuxi Yupanqui venía llorando y puesto de luto, y Rumiñahui apartole a cierto aposento, como que le quería hablar a solas, y el Cuxi Yupanqui fuese con él solo, sin llevar a nadie consigo; y como estuviese a solas, dende un poco que estaban a solas, entraron ciertos amigos de Rumiñahui, con quien él tenía consultada su traición.

> Y como aquellos entrasen, el Rumiñahui hízoles su seña y ansí saltaron todos ellos con Cuxi Yupanqui, y la primera presa que hicieron fue de los gaznates, e ansí le ahogaron. Y siendo ya muerto Cuxi Yupanqui, salió Rumiñahui y tomó el cuerpo de Ataguälpa y llevóselo al Quito; y después, los españoles tomaron al Rumiñahui en el Quito y quemáronle (Betanzos, 2004:326-327).

Cieza de León da otra versión del tema: «El cuerpo, dizen que desenterraron de aquel lugar [la iglesia de Cajamarca] e lo pusieron en el Cusco en rico sepulcro. Nunca los cristianos an podido alcanzar en que parte se puso, porque para sacar el tesoro que con él meterían, lo procuraron» (Cieza, 1989:tercera parte, 172).

La muerte de Cuxi Yupanqui o [Illescas en su versión española] fue dibujada por Guamán Poma de Ayala. El dibujo y el texto dan una idea muy desagradable de la biografía del lugarteniente de Atahualpa, cuyos últimos años en Quito y provincias del norte fueron una prolongada huida y resistencia frente al Sebastián de Velalcáçar [o Benalcázar], teniente de la ciudad de San Miguel y hombre de la confianza de Francisco Pizarro (*ibidem:*180-195). El dibujo de Guamán Poma, asesinando a Cuxi Yupanqui y llamando traidor a Rumiñahui, completa la calificación escrita por nuestro cronista:

> Y quiso este capitán quedarse con el reyno y le mató muy muchacho de veinte años. Y se mató este dicho traydor en la dicha ciudad de Quito por las manos de los indios, porque avía hecho otra ves otros muchos daños y males en las prouincias adonde

andaua. Por ello fue muerto y le mató los indios de Quito. Y ací acabó su vida el pobre capitán (Guamán Poma, 1980:142).

Una interpretación diferente de la suerte de Rumiñahui, luego de la ejecución de Atahualpa, la encontramos en la historiadora ecuatoriana Tamara Estupiñán, que en su libro *Tras las huellas de Rumiñahui* (Estupiñán, 2003) despliega una amplia documentación sobre los avatares del jefe militar hasta su muerte. El interés específico de este trabajo, dedicado a la comparación entre el universo biográfico de Moctezuma y Atahualpa, hace imposible que sigamos tras el destino de los «generales» del último Inca y de su descendencia.

VIII
Andinos y mexicas

Como es fácil de advertir, la comparación entre la vida de los monarcas indígenas de América se hace particularmente difícil por la estructura cultural de tan diferentes civilizaciones. Lo que finalmente las une es que ambas sociedades hayan sido invadidas por la misma potencia europea cuyos intereses fueron muy precisos.

Una primera aproximación podría ser lo que pareciera común entre andinos y mexicas: el culto solar. Los incas se proclamaban «hijos del Sol», y aunque se decía en las crónicas con menos énfasis, se entendía también que Mama Killa, la Luna, era la esposa del Sol y por tanto madre de la primera pareja: Mama Ocllo y Manco Cápac, o del primer cuarteto familiar: los hermanos-esposos Ayar.

En los relatos en que aparecen estos personajes no suele mencionarse el nombre del dios creador, que probablemente fue heredado de la sociedad tiahuanaco o wari que, en otras crónicas, probablemente, las más importantes en el tema de origen (como, por ejemplo, la de Betanzos), surge del lago Titicaca, al mando de dos humanidades primigenias, a las que Wiraqocha destruye sucesivamente, antes de decidirse a construir a la que pertenecemos. El dios creador (Viracocha en los escritos españoles), modela su nueva humanidad en piedra, que completa pintando los detalles de sus características físicas y de vestuario. Una vez modelados, hombres, mujeres y *curacas* de cada grupo, las agrupa en comunidades diferentes y las envía por vía subterránea a sus *pacarinas* (*paqary* = 'aparecer, surgir', etcétera) o lugar de origen, que se encuentran en los pueblos en que cada comunidad va a residir.

Esta doble divinidad puede organizarse en dos momentos, sin que la presencia de ambas estorbe la existencia de la otra. Wiraqocha crea la sociedad y el Sol hace que sus hijos (dos u ocho) surjan de las entrañas de la Madre Tierra en Pacaritambo (o Pacáreq tampu), con la misión de civilizar a las comunidades ya existentes y establecerse en el Cusco.

El Sol de los mexicas nace para cambiar un mundo que existía envuelto en tinieblas. Deseosos de cambiarlo y hacerlo habitable para sus futuros adoradores, los dioses se reunieron en Teotihuacán, y a iniciativa del dios de la subsistencia y el dios del fuego llamaron a Nanahuatzin y le avisaron que sería el Sol, y otros dos dioses, el de la abundancia y el de las cañas, designaron a cierto Nahuitecpapatl para que fuese la Luna. Ambos se prepararon aceptando el sacrificio (iban a arder en un gigantesco brasero) que los convertiría en los seres del cielo. Nanahuatzin, que era enfermo y pobre, se arrojó a las llamas, mientras que el otro candidato dudó lo suficiente como para caer en las cenizas, y se convirtió en la Luna.

Pero los astros se quedaron inmóviles. El Sol necesitaba alimentarse para poderse desplazar en los cielos y proveer de luz y calor a la humanidad, para hacerlo necesitó sangre, y los dioses reunidos en Teotihuacán se sacrificaron para dar movimiento y vida al Sol. El sacrificio de los humanos es su contribución indispensable para que el Sol siga alumbrando, el de los dioses fue el ejemplo y mandato que hace posible su existencia (Duverger, 1983:46-48).

Los soles incaicos y mexicas son entes completamente diferentes, el Sol andino cumple su función paterna a lo largo del relato de la historia del Tawantinsuyu, y su rol justifica su función de dios-padre. Si seguimos lo planteado por Duverger «el Sol azteca no es más una figuración de energía… para los aztecas, la energía es ante todo calor. Es decir, potencia de desgaste [porque] el calor no es sino una forma degradada de la energía, la resultante de un estado de disipación» (*ibidem*:44).

Abandonando el espacio mítico, acerquémonos a otro aspecto cultural: política económica de las monarquías que componen este libro. Lo primero que llama la atención del Tawantinsuyu es la vastedad de su territorio, a lo largo de nuestro texto se ha señalado la condición en que cada Inca iniciaba su mandato: su familia, liderada por el cuerpo de su fallecido antecesor, seguía siendo la dueña de sus territorios, servidores, construcciones, vestidos ceremoniales, etcétera. Su padre o antecesor tenía alguna otra forma de vida, pero seguía necesitando de lo que consiguió mientras era el jefe de Estado. Ahora le tocaba construir su propia riqueza, no en vano era el nuevo Inca. La conquista de nuevos territorios y servidores era un imperativo que debía cumplirse. No en vano los incas al momento de la Conquista habían incorporado prácticamente todas las áreas de alta cultura en Sudamérica. La reglamentación de la producción y la contribución de los pueblos sometidos en forma de servicios al Estado hacía posible la construcción de obras de necesidad pública, de utilidad para el culto y para la vida lujosa de la nobleza de sangre. Una cuidadosa estratificación mantenía a este sector distanciado del *hatun runa* (población general), incluso geográficamente, ya que la nobleza tenía sus moradas en el centro del Cusco, con una población de un nivel intermedio a la que llamaron nobleza de privilegio, a quienes se les permitía habitar en un cinturón de viviendas que rodeaba la capital.

En contraste, Mesoamérica no había logrado una integración política total, su propio nombre, la Triple Alianza, ya nos dice que, a pesar del poder de México-Tenochtitlan sobre sus dos aliados, su relación con ellos y sus Estados vecinos no podía decirse que tuvo el poder de intervenir en todas sus decisiones. Esta fragmentación política impidió el nivel de centralización alcanzado en los Andes. Pedro Carrasco (1982:36) nos llama la atención con respecto a las características geográficas de los Andes y el control de tierras en una variada gama de altitudes que permite la siembra de determinados cultivos y la domesticación de auquénidos que no existieron en Mesoamérica. Así como nos recuerda la escasez de trabajos de utilidad pública en las regiones sometidas, lo que le da un carácter predatorio en las comunidades de esas zonas.

Personalmente me interesó el desarrollo del comercio y la actividad de los pochtecas, cuyo poder económico, capacidad de decisiones propias y hasta la existencia de sus propios dioses constituyen algo completamente desconocido en los Andes, a pesar de que por un tiempo se pensó que el señorío de Chincha había logrado cierto nivel de autonomía. Esta condición pareció ser cierta cuando su gobernante acompañó a Atahualpa en andas semejantes a las que transportaban al Inca, en su primer encuentro con Pizarro. Actualmente la idea de un desarrollo comercial precolombino incaico se ubica más bien en el norte del actual territorio peruano.

Nos quedan demasiados aspectos por explorar en este intento de comparación sobre los últimos gobernantes de los Estados precolombinos de América, mi interés por el tema se suma al de mi colega Eduardo Matos Moctezuma, lidiando con el reinado de Moctezuma, que vivirá el mismo drama de Atahualpa frente a la invasión española.

A sugerencia suya, agregaremos al relato histórico las representaciones teatrales de las comunidades indígenas de los Andes, que reactualizan en nuestros días el recuerdo de su gobernante incaico. Somos conscientes de su voluntad de recreación, justamente para dar cuenta de lo sucedido y al mismo tiempo de la necesidad de sumar las fuerzas para entender las características dolorosas de su situación contemporánea, lo que dota al tema de una tentadora y necesaria invitación para acercarse a ellas.

Representaciones teatrales de la captura, prisión y muerte del inca Atahualpa

> [...] que no se representen en ningún pueblo de sus respectivas provincias comedias, u otras funciones públicas, de las que suelen usar los indios para memoria de sus dichos antiguos Incas [...]

La frase figura en la misma sentencia que condena a Tupac Amaru II al martirio. El odio que destila el mandato es cuidadoso en privilegiar las acciones subversivas que atentaban contra el gobierno colonial; el teatro indígena tuvo, pues, un lugar en esta condena.

En cierta forma, José Antonio Areche (visitador del virreinato peruano de 1778 a 1785, encargado de la represión) obraba con eficacia política. Nada más peligroso que la pertinaz evocación a un pasado glorioso en época de opresión y miseria. El teatro andino colonial no era la simple actuación usada como *divertimento*. Los actores, al encarnar figuras prototípicas, se fusionaban con sus atuendos para convertir el drama en una comunión donde los Incas volvían a caminar sobre la tierra.

Naturalmente, el edicto no prosperó en este acápite. Ni siquiera aquellos españoles o criollos adentrados en el universo cultural indígena se molestaron en dejar de producir o compilar canciones, poemas o dramas andinos. De manera paralela, se fue consolidando un grupo de autores indígenas y mestizos, a manera de *literati* orgánicos, que desde muy temprano comenzaron a trasvasar el inmenso caudal de la tradición oral en forma escrita. Éste es uno de los fenómenos más importantes del que puedan dar cuenta los siglos coloniales. Como se puede ejemplificar en Guamán Poma o Santa Cruz Pachacuti, la cultura quechua se «literaliza», es decir, se expresa cada vez más en textos redactados en español o *runa simi*, o en una mezcla de ambos. Como resultado de este proceso, es posible encontrar un número creciente de publicaciones o de manuscritos que no llegaron a la imprenta, pero que al ponerse sobre el papel, se leyeron y conservaron. Sus autores modernos pueden ser entendidos como descendientes de los antiguos *amautas*, enamorados de su patria chica, con la voluntad de consolidar el corpus cultural de la región y ofrecerlo a sus conciudadanos.

Las páginas que siguen son un tributo a dos de ellos, que compartieron conmigo la inmensa sabiduría que sólo se logra cuando se estudia un objeto amado. Herminio Ricaldi y Pío Campos dedicaron su vida a componer versos, canciones y teatro en honor a la cultura andina, vista desde su hogar en Carhuamayo, una comunidad de la región Junín y provincia de Junín, a más de cuatro mil metros de altura. Aprendí mucho de su trabajo y en múltiples lecturas que hice de sus materiales.

Me sorprendió que en Carhuamayo se conozca la obra teatral dedicada a Atahualpa, con el nombre de Tamboy, nadie en el pueblo ni en la región Junín pudo explicarme la razón de esta denominación. Al propio Ricaldi, autor de la obra, le bastó decirme que era más fácil llamarla así que explicar que se trataba de la captura y muerte de Atahualpa.

La representación contemporánea

Probablemente es el drama popular de mayor divulgación en los Andes. Se han recogido versiones en Ecuador, norte y centro del Perú, Bolivia, norte de Chile y noroeste de Argentina. En todos se escenifica el recuerdo histórico de la captura y muerte del último Inca por las huestes de Francisco Pizarro entre noviembre de 1532 y julio de 1533. La amplitud del territorio en que se representa la pieza da lugar a notables variaciones en el texto y las ocasiones en que se pone en escena: en el norte del Perú se puede ver en diciembre, y en la sierra central en los últimos días de agosto. Cuando se hizo conocido el texto, se supuso que tenía un origen antiguo, situación que hasta ahora no puede ser probada satisfactoriamente, aunque hay dibujos del siglo XVIII que dan cuenta de su representación en Trujillo (Martínez Compañón, 1978:E172-E173). La pieza llegó a Carhuamayo recién en las primeras décadas del siglo XX, cuando un conjunto cusqueño la representó en el pueblo de Smelter, a los obreros de la empresa minera norteamericana que explotaba la región. Uno de los asistentes al espectáculo era Herminio Ricaldi. Más tarde, él y Campos escribieron varias versiones del drama que tiene una carga emocional muy notable, especialmente en las escenas finales, cuando el Inca es ejecutado.

La obra consta formalmente de cinco actos, aunque, en la práctica, su desarrollo es interrumpido de tanto en tanto, dado que los actores se desplazan por todo el pueblo, para culminar en un tabladillo levantado en el centro del estadio de Carhuamayo (un espacio rectangular, cercado, habitualmente es la «cancha» donde se juega fútbol). El drama tiene dos inicios simultáneos en diferentes partes del pueblo, en las que se reúnen los actores que representarán más tarde a incas y españoles, posteriormente, todos ellos se encontrarán en el precario estadio o «cancha» para iniciar lo que sería la tercera escena (1a.: Tamboy; 2a.: Segunda Entrevista; 3a.: Entrevista del padre Valverde; 4a.: Prisión de Atahualpa; 5a.: Funerales de Atahualpa). La última escena o acto concluye en un baile general, al que se suman todos los asistentes. Dado que la fiesta tiene lugar en agosto y coincide con las celebraciones en honor a santa Rosa, se supone que la pieza teatral se representa en honor a la santa limeña, así por lo menos se especifica en los folletos que circulan desde días antes de la escenificación. El festival está precedido por un largo proceso de elección y preparación de los actores y danzantes (y vestuario y adornos), que son parte de un elaborado juego de política comunal al interior de Carhuamayo.

La actuación se redondea con la participación de un locutor que narra a todos los asistentes lo que considera la versión histórica de los hechos, al mismo tiempo que son escenificados. Su relato, emocionado, reivindica la nobleza de los incas vencidos y crea el clima necesario para el episodio de la muerte, los funerales son identificados con el baile general, lo que no es extraño en la etnografía de los Andes centrales. Durante la obra, una serie de bandas se alternan en musicalizar los espacios no dialogados y dar pie a la intervención de coros y danzantes.

Siguiendo al Tamboy

Llegamos a Carhuamayo en la última semana de agosto (1984), las personas que nos alojaron suplieron con amabilidad los inconvenientes de una casa improvisada en hotel. Al principio el frío nos aletargaba, pero poco a poco nos fuimos haciendo resistentes a él. Aún no había señales de las festividades, pero los entrenamientos de los bailes y las canciones ya se hacían con cierta regularidad. Por su parte, padrinos y mayordomos trabajaban empeñosamente en cubrir los últimos detalles. Era una época de intenso juego político: se tenía que decidir quiénes serían los que tomarían los cargos el año siguiente. Ser padrino o mayordomo no es tarea simple, aparte de un intenso afán de manejar las relaciones públicas y presiones familiares, la tarea podía ser muy costosa. Don Pedro C. Y., transportista, propietario de un camión de carga, que era el «tercer padrino del conjunto incaico», tuvo que conseguir siete millones de soles (el cambio del dólar en septiembre de 1984 era de 3 033 soles por dólar). Cuando le preguntamos sobre sus obligaciones nos dijo: «los seis padrinos tenemos la misma obligación: es de venerar a la virgen santa Rosa y es un deber con el pueblo». Don Pedro había sido comprometido por el esposo de su hermana. La situación no le era extraña, ese mismo año había sido mayordomo en la fiesta de la Cruz (tres de mayo), pero era la primera vez que asumiría un cargo en el Tamboy. Con sus 36 años estaba en la edad promedio de los padrinos.

Pero el dinero no provenía exclusivamente de los padrinos y mayordomos. En realidad, a todos los vecinos se les recordaba la obligación de colaborar en el próximo Tamboy, antes de concluir las festividades del año en curso. La propia nominación de los cargos está diseñada para adquirir los fondos que harían posible repetirlas. Durante la misma, se entregan muñecos de pan bañados con huevo batido y azúcar a todos los invitados, y con especial deferencia a los «notables del pueblo». El número y tamaño de los panes son indicativos del volumen del donativo que se espera. Las contribuciones también pueden ofrecerse en especie: carneros, cajas de cerveza, kilos de azúcar, etcétera. A esto se llama «truca», probablemente del español trocar o cambiar.

En principio los padrinos se encargan de financiar orquestas, actores y danzantes, y los tres mayordomos lo hacen con otros tantos conjuntos musicales. Durante la fiesta son muchos los grupos que van a tocar, y aunque no hay competencia formal entre ellos, el público dará cuenta de su presentación y de la manera en que interpretan las piezas solicitadas. Un conjunto está formado básicamente por arpa, violín, saxofón y clarinete, pero el número de los músicos que interpreta cada instrumento varía considerablemente;

contratarlos no resultaba barato, la Polifónica Tarmeña cobró cuatro millones y medio de soles en 1984.

Las fiestas se inician el veintiocho de agosto y terminan el cuatro de septiembre, en este tiempo se baila por las calles, y las casas de los padrinos están abiertas para que cualquiera pueda detenerse a comer o beber. Los conjuntos visitan rotativamente las casas de los padrinos y mayordomos, creando un ambiente de jolgorio interminable. A ello contribuye notablemente los cientos de cajas de cerveza (cada caja = seis botellas) y los voluminosos cilindros (barriles) de alcohol de caña. La manera más común de beberlos es agregando agua caliente, de ahí el nombre de este trago «calientito». Los danzantes llevan un tren de trabajo sumamente recargado, aparte de los ensayos y presentaciones se espera que bailen desfilando por las calles. No parece ser que esto preocupe, siendo jóvenes en su mayoría, se sienten privilegiados al participar en la fiesta. Hay la tradición de que se casarán y serán felices, lo cierto es que los meses de ensayo y el frenesí de la ocasión dan lugar a notorios romances. También se dice que deben cumplirse siete años (algunas versiones hablan de doce) seguidos de tener cargos o bailar para santa Rosa. Pero la creencia más fija es el de inmediato bienestar para quien cumple sus obligaciones y desgracia (mala suerte) para el que no lo hace.

Para danzar en un conjunto hay que ser aceptado por quienes coordinan y organizan. En el Tamboy de 1984 había teóricamente dos grupos: «incas» y «españoles», con sendos directores, y un director general. En la práctica, era éste quien llevaba cuenta de todos los detalles, a eso sumaba ser propietario de la Platería y Bordadoduría El Milagro, donde se preparaban los mantos y vestidos para la fiesta. No era el único lugar, pero tenía una obvia notoriedad. Como se dijo, los vestidos estaban profusamente adornados, y los bailarines llevaban collares, pulsera, aretes y coronas. La intención era que muestren la riqueza del Tawantinsuyu, pero las joyas no eran costosas (en la mayoría de los casos se trataba de plata de baja denominación o simple bisutería). Los bordados resultaban en algunos casos más caros que las piedras preciosas simuladas: preparar un manto para la fiesta podría costar veinticinco mil soles.

Representar los papeles centrales del drama era el resultado de una cuidadosa consideración, Cayo C. C., de 25 años iba a ser el Inca Atahualpa por segunda vez; cuando lo entrevistamos, dijo: «estoy participando porque han venido los funcionarios a suplicarme y nuevamente estoy participando, pues, en el ramo (rol) de Atahualpa». La costumbre es que el primer padrino «suplique» al intérprete principal para que asuma el papel. En este caso, se trataba de un joven con mucha experiencia, había representado el mismo papel en Lima, en reuniones organizadas por migrantes de la sierra central. Los otros personajes eran reclutados con menor preocupación, pero se tomaba el cargo con igual responsabilidad. El hijo del director, Eduardo G. P., era quien hacía de Francisco Pizarro, y el elenco completo figuraba en la última página del programa, en la primera, con caracteres muy visibles, estaban el director y el joven Atahualpa. No llegamos a averiguar si esto había sido una exigencia del actor, pero se me antoja que debió haber sido así, ya que era uno de los pocos (si no el único) que cobraba como profesional. Los demás, incluidos las varias decenas de bailarines, debían costearse sus gastos.

Hubo dos presentaciones de la muerte del Inca, la primera se llevó a cabo en un recinto cerrado, sin asientos y con piso de tierra (Coliseo Amauta), al lado de la estación de ferrocarril. La función comenzó a las once de la noche e incluyó cerca de veinte cantantes y conjuntos que se presentaron antes de iniciarse el drama. Cuando finalmente se dio lugar a los actores del Tamboy, era pasada la medianoche y el drama se interrumpió sin concluir. En cierta forma, la actuación sirvió como entrenamiento general para las festividades del dos de septiembre.

El Atahualpa histórico fue ajusticiado el 26 de julio de 1533 en Cajamarca. Había estado preso muchos meses, pero hay pocas dudas de que hubiera podido escapar con vida, luego de que fuera emboscado por Pizarro y sus hombres. El asalto interrumpió lo que iba siendo un viaje triunfal al Cusco, su hermano Huáscar ya había sido capturado por los jefes militares de Atahualpa y estaba prisionero. Probablemente, su vida se prolongaba tan sólo para que el nuevo Inca caminase sobre su cuerpo. De esta manera la posesión de la capital y la *maskaypacha* quedaban ceremonialmente asegurados. Tiempo atrás, Quizquiz y Chalcochimac, comandando las tropas de Atahualpa, habían masacrado a las familias nobles que apoyaron a su infortunado hermano, tomando especial cuidado en liquidar a todo otro familiar, que tuviese posibilidad de reclamar cierto derecho al gobierno del Tawantinsuyu.

Durante el cautiverio el Inca entregó una gran cantidad de objetos de oro y plata («dos cuartos de plata y uno de oro») ante la exigencia de sus captadores y con la esperanza de comprar libertad. Pero Pizarro difícilmente hubiera podido arriesgarse a llevar al Inca al Cusco, cuando las tropas incaicas estaban aún en pie de guerra y el territorio le era desconocido. En tal circunstancia, y siguiendo el legalismo de su época, se hizo un juicio al Inca y luego de conmutarle la pena de muerte (de ser quemado a ser asfixiado por el garrote), se le ejecutó. Su cuerpo fue enterrado en la iglesia de Cajamarca (cuyo local acababa de ser consagrado por Valverde), pero la noche siguiente, el cuerpo fue robado y no se volvió a saber de él.

Estos hechos constituyen la base del drama que fuera escrito por Ricaldi para ser representado en Carhuamayo hace más de medio siglo. El texto ha sido revisado varias veces por él mismo y sus seguidores, pero los cambios son mínimos. Hay razones para que esto sea así. Director y padrinos siempre han tomado especial cuidado en seleccionar a los actores principales (Atahualpa, Cusichimpu o Felipillo, Pizarro y Valverde) y en comunicarles a ellos el tipo de personaje que se espera que representen: «si va a ser Atahualpa tiene que ser noble, valiente, fuerte, hablar quechua del Cusco, andar y bailar de forma que le tengan respeto». Pizarro, a su vez, tiene que pronunciar español con acento peninsular y «debe ser igualmente valiente y hombre de lucha». Como es fácil de adivinar, lo que se está pidiendo de los actores no es que personifiquen a unos lejanos sujetos históricos, en verdad, se les demanda que se conviertan en Atahualpa, Pizarro, etcétera, mientras dure la representación. Pensando así, da sentido a lo que se repite por el pueblo en estos días, santa Rosa no es una imagen, «es como si estuviera viva».

No es posible esperar que los actores reciten el guion tal cual ha sido escrito. Tampoco es necesario que los carhuamaínos que representan a los «incas» (alrededor de 60) o «españoles» (más o menos 24) puedan hablar quechua del Cusco o español castizo. Aunque hagan un visible esfuerzo, en el ensayo general descrito líneas atrás, es poco probable que el auditorio pudiera preocuparse de estas sutilezas; como veremos, el arreglo de las ropas, la música y los desplazamientos de los actores cubre largamente su capacidad de atención. Aparte de que, en los altoparlantes del estadio, resuena la voz del locutor que no sólo narra el evento de manera colorida, su propio relato está propuesto como hilo argumental. Su papel nos pareció al principio adjetivo, pero más tarde Ricaldi nos contó que él mismo había sido locutor, y que a su juicio era imprescindible que al público se le explicase lo que estaba viendo. Al volver a escuchar las cintas repensamos su actuación y ahora nos merece el juicio expresado páginas atrás.

El recorrido de los dos conjuntos se inicia, para los «incas», en la casa de uno de los padrinos que les ofrece una sustanciosa comida. Los «españoles» deben llegar a caballo desde una altura cercana (cerro Ocshapoto), aunque en realidad se reúnen a beber en una cantina, al lado de la carretera. La cita de ambos conjuntos está programada hacia las doce del día, pero el encuentro en el estadio de Carhuamayo se produce tres horas más tarde. En el camino, Cusichimpu o Felipillo (históricamente el indígena que sirvió de traductor a Pizarro) es capturado por los españoles, que lo envían luego, con dos de ellos, para solicitar una entrevista con el Inca. A continuación, cabalgando todos, menos el intérprete, ingresan al estadio y se colocan a un costado de la cancha, en cuyo centro se ha levantado un tabladillo. Desde la mañana el pueblo entero está volcado en las tribunas y los alrededores del campo de fútbol. En 1984, el Inca y su numerosa corte de danzantes se desplazó danzando desde la casa del padrino hasta la carpintería, donde recibió un sillón rojo, que luego usaría como litera. De ahí salió, muy pausadamente, en dirección de estadio; en el trayecto eran acompañados por cuatro o cinco conjuntos musicales, mientras que otros tantos los esperaban en el centro de la cancha. La entrada de Atahualpa es espectacular, las bandas tocan alternativamente, compitiendo, mientras el cortejo del Inca baila y canta más bien lento y majestuoso. Durante el camino, y especialmente durante la presentación, los *ukukus* (llamados también *shapis*) tienen un duro trabajo en mantener los límites de la acción dramática. Al ingresar las *ñustas* (nombre con que se conoce a las bailarinas) cantan «El paso del Inca»:

Ayúdame a retener a nuestro padre, el Sol
Invoquemos a nuestra madre Luna,
Para que sus hijos le adoremos
¡Ay! Padre Sol
¡Ay! Madre Luna,
Beban esta sangre,
Para que mis hijos les amen,
Cantémosle al río Carhuas,

Con mucha alegría, paisano (bis)
El gran cerro en que tú vives, qué bonito es,
Los dos grandes cerros, qué hermosos son (bis)

A continuación, Valverde se desprende del grupo de españoles y avanza hacia el Inca, que grita: «¿Cuánta gente tienen los hombres blancos?». Contestan los danzantes varones: «Sea cuanta fuere, no les tememos». Vuelve a interrogar el Inca: «¿Cuánta de esa gente blanca son de lugares lejanos?». De nuevo le responden: «Sea lo que fuere no le tememos». Valverde da un corto discurso, que traduce Cusi Chimpu, luego entrega al Inca un mazo de papeles que Atahualpa huele, pone al oído, muerde y finalmente arroja por los aires. Inmediatamente cargan los españoles y el enfrentamiento que hemos descrito, se lleva a cabo.

El locutor, visiblemente emocionado, narra entrecortadamente el evento que aquí alcanza su clímax: «Señoras y señores, en estos momentos se está haciendo… la batalla en que los españoles quieren tomar al… se está celebrando la batalla en que los indios con sus espadas [sic]… mientras que los indios tratan de defender al Inca, de rodear». Tardó varios minutos, hasta que pudo retomar su compostura y seguir con su tarea.

Los cuadros que siguen son preparatorios para la gran final, que es la ejecución del Inca. En corto tiempo se suceden el ofrecimiento del rescate por Atahualpa y el juicio y sentencia del mismo. La ejecución es muy elaborada, se sienta al Inca en una silla sujeta a un poste y dos sogas se entrecruzan dando la imagen que, al tirar por los extremos, ahorcarán a Atahualpa. Si bien esto no es posible, hay siempre cierto riesgo, en tanto que los cuatro o seis hombres que sujetan las cuerdas están en ánimo festivo y con abundante licor en el cuerpo. En una versión grabada (TV) varios años atrás se escucha claramente gritar al actor, para detener a sus desprevenidos verdugos. La narración en estos momentos vuelve a alcanzar un nivel de dramaticidad, la retórica e imágenes verbales usadas por el locutor insinúan claramente un paralelo con Cristo, aunque se cuida de no mencionarlo directamente.

Concluida la ejecución, el cuerpo es tomado por los danzantes y llevado rápidamente, creando la impresión de que desaparece. Valverde, entonces, celebra una boda general en que los españoles se casan con las *ñustas*. En la versión que presenciamos, él mismo toma varias esposas; en los textos representados anteriormente, el sacerdote español impide que los soldados se casen con más de una. Pero en estos momentos, la diferencia entre el público y actores casi ha desaparecido y el ocaso se combina con un baile generalizado, que sigue después en casa de los padrinos.

Durante las entrevistas, Ricaldi reclamó haber dejado intactas las canciones de la *Danza de la Coya,* obra teatral que se celebraba antes de la divulgación de la muerte de Atahualpa, y más bien recordó que los nuevos responsables habían sumado los bailes en honor al Inca. Ésta sería una de las explicaciones posibles al canto de las *ñustas*, en el que se ofrece sangre al Sol y la Luna. En la ejecución moderna de Atahualpa no se degüella al Inca, dado que el drama se ajusta al relato histórico, pero los versos pudieron permanecer a despecho de las modificaciones. Tampoco parece que los cambios afectaron la invocación general de fertilidad. La promiscuidad denunciada por los españoles y el baile general a la desaparición del sol refuerzan la voluntad de que la tierra renueve su ciclo y se asegure la reproducción de sus frutos. Es visible, además, la mención a los cerros vecinos, que normalmente son patrones del ganado, ellos también deben asegurar el bienestar de la comunidad (Millones, 1992:36).

Epílogo: el Inca baila en Ninacaca

El 31 de agosto fuimos al vecino pueblo de Ninacaca, el paisaje luce idéntico al de Carhuamayo, con un casco urbano algo más pequeño; cuenta con unos cuatro mil habitantes, nos comunica el alcalde local, que se proclama focepista (seguidor de partido político cuyas siglas son FOCEP) y campesino con mucho orgullo. En Carhuamayo habíamos presenciado la llegada de una delegación que intentaba contratar al director del Tamboy, para organizar algo similar en Ninacaca. Eso decidió nuestro viaje, que afortunadamente coincidió con el baile de la ofrenda, que se llevaba a cabo frente a la imagen de santa Rosa, en la puerta de la iglesia. Dos «chutos» (cuyo papel es equivalente a los *shapis*) controlaban el evolucionar de las parejas. Los bailarines, hombres y mujeres, se esforzaban por hacer danzar a los espectadores, que luego de «cuadrillear» unos metros, se encontraban frente a la imagen y debían depositar un óbolo.

A mí me interesaba hablar con Baltazar P., párroco del lugar. Mi experiencia en Carhuamayo había sido tan trabajosa como interesante. Quería confirmar esa actitud de estudiada distancia que tomaba la Iglesia con respecto a las ceremonias populares. El padre Baltazar fue elocuente y muy entretenido, reforzando el criterio que habíamos recibido días atrás, pero la percepción de su tarea era muy diferente. El R. P. Ricardo Y. era cabeza de dos parroquias (Carhuamayo y Ulcumayo) y estaba dedicado a la formación de líderes campesinos. Consideraba su obra como parte de la renovación carismática iniciada en los Estados Unidos en 1967. Se trata, nos dijo, de un movimiento que procura revivir los «elementos de Pentecostés de la Iglesia primitiva». Naturalmente la base del mismo (en la sierra central) está en Tarma, pero el obispo, de origen alemán, se negó a entrevistarse con nosotros. Lo que quedó claro es que Carhuamayo está lejos de ser un lugar perdido en el mapa eclesiástico. Su párroco estaba a punto de viajar a Roma para asistir a una concentración de siete mil sacerdotes y pasaría por Austria y Alemania «para sensibilizarnos un poco con nuestros problemas». Baltazar, en cambio, alentaba el espíritu misionero que nos era familiar en las crónicas tardías: «nosotros tenemos que seguir trabajando en cuanto a la evangelización del pueblo, tratar de cambiar estas costumbres, digamos paganas, mezcladas con fe, costumbres que vienen arrastrando desde nuestros antepasados».

Su tarea inmediata era, sin embargo, reconstruir el templo de Ninacaca, destruido por el fuego (provocado por un rayo) en 1983. La iglesia, con paredes de piedra, debió ser una edificación imponente, aun sin los techos lucía formidable. Éste era, además, un fin de mes muy ocupado, tenía que bendecir los camiones, ceremonia que no vi realizar en Carhuamayo, pero que consta en las fotografías de los años sesenta y setenta. Tampoco aquí santa Rosa era la patrona formal del pueblo, y el párroco también se extrañaba del mediano entusiasmo por san Pedro y su día patronal (29 de junio). Sin embargo, los fines de agosto y los primeros días de septiembre se podía ver jóvenes vestidas como «pallas» bailando en conjuntos por todo el pueblo. Hablamos entonces de la posibilidad de que Ninacaca tenga su Tamboy, y fue allí, en medio de las «cuadrillas» (conjuntos de baile) que alguien me señaló a un nuevo danzante, que encabezaba un grupo de pallas, cuyo vestido y emblemas representaban al Inca.

Lo fotografiamos y le pedimos una entrevista. Con mucha dignidad interrumpió su baile y conversó con nosotros. Se trataba de Moisés S. T., chofer de un camión, cuya ruta habitual era Lima-Pucallpa, de cuarenta años de edad. Lucía un arreglo que lo hacía medir algo así como 1.80 m, y sus ropas eran un atuendo mínimo pero muy cuidado. Sobresalían los bordados dorados de su vestido y una altísima *mascaipacha* (que en este caso era un adorno de cabeza coronado con plumas). A nuestra obvia pregunta respondió: «lo hago voluntariamente, aquí las señoras ñustas estaban sin Atahualpa... entonces yo, por mi propia voluntad, me busqué una ropita y me puse de Atahualpa, sin haber entrenado y así de costumbre... (hacerlo) es un acto de mucho desprendimiento,

Ud. tiene que querer mucho al pueblo, mucho a la ceremonia para hacerlo... mi emoción es que la actuación sea bonita».

Nadie dio muestra de sorprenderse, por lo que podía parecer una intromisión. Las *ñustas* alinearon sus conjuntos detrás de él y todos siguiendo bailando. Tendrán que pasar varios años, hasta que se elabore toda la maquinaria administrativa que ha desarrollado Carhuamayo, desde hace tanto tiempo. Ahora hay apenas un mayordomo, pero el interés es visible y no me extrañaría que el drama se celebre al mismo momento que se organizan las instituciones para recrearlo. Pero aun si se demora, estoy seguro de que ocurrirá de todas maneras, el Inca ya regresó a Ninacaca (Millones, 1992:82-91).

Agradecimientos

Como cualquiera de mis trabajos, mi primera inspiración nace de la colaboración de mi esposa, Renata Mayer, que tiene la paciencia suficiente como para leer cuidadosamente mis textos y proveerme de sus opiniones, además de reunir y calificar las ilustraciones necesarias.

Este trabajo también debe su agradecimiento a la Fundación de los Pueblos de América, que dirige Enrique Aguilar, que me permitió visitar repetidamente Ecuador y me puso en contacto con sus intelectuales. Justamente a dos de ellos, Tamara Estupiñán Viteri y Segundo Moreno Yánez, les debo el placer de haber compartido sus publicaciones y haber respondido a mis preguntas, de manera tan generosa que iluminaron este trabajo.

Bibliografía

Aldunate del Solar, Carlos y Luis E. Cornejo B. (editores), *Tras las huellas del Inka en Chile*, Santiago, Museo Chileno de Arte Precolombino, 2001.

Anello Oliva, Giovanni, *Historia del reino y provincias del Perú,* Lima, Pontificia Universidad Católica del Perú, 1998.

Bauer S., Brian, *The Development of the Inca State*, Austin, The University of Texas Press, 1992.

Bauer S., Brian, Miriam Aráoz Silva y Lucas C. Kellet, *Los Chancas: Investigaciones arqueológicas en Andahuaylas (Apurimac, Perú)*, Lima, IFEA, Universidad de Illinois Chicago, The Institute of New World Archaeology, 2013.

Bauer S., Brian, *Cuzco antiguo: tierra natal de los incas,* Cusco, CBC, 2018.

Betanzos de, Juan, *Suma y narración de los incas,* María del Carmen Martín Rubio (editora), Madrid, Ediciones Polifemo, 2004.

Busto del, José Antonio, *Pizarro,* Lima, Ediciones Copé, Petroperú, 2001.

Cabello Valboa, Miguel, *Miscelánea Antártica.* Lima, Universidad Nacional Mayor de San Marcos, 1951.

Carrasco, Pedro, «The Political Economy of the Inca and Aztec States», *The Inca and Aztec States 1400-1800, Anthropology and History,* George A Collier, Renato I Rosaldo y John D. Wirth (editores), Berkeley, California, Academic Press 1982.

Covarrubias de, Sebastián, *Tesoro de la lengua castellana o española,* Martín Riquer (editor), Barcelona, Horta, I. E., 1993.

Cieza de León, Pedro, *Crónica del Perú, Segunda Parte,* Lima, Pontificia Universidad Católica del Perú y Academia Nacional de Historia, 1985.

—, *Crónica del Perú, Tercera Parte,* Lima, Pontificia Universidad Católica del Perú y Academia Nacional de Historia, 1989.

Cobo, Bernabé, *Historia del Nuevo Mundo*, Madrid, Ediciones Atlas, 1964.

Conrad W., Geoffrey y Arthur A. Demarest, *Religion and Empire. The Dynamics of Aztec and Inca Expansionism,* Cambridge, Great Britain, Cambridge University Press, 1984.

Duverger, Christian, *La flor letal. Economía del sacrificio azteca,* México, FCE, 2005.

Estete de, Miguel, «Noticia del Perú», *Biblioteca peruana a través de los siglos,* tomo 1, 345-402, Lima, Editores Técnicos Asociados, 1968.

Estupiñán Viteri, Tamara, *Tras las huellas de Rumiñahui,* Quito, Banco General Rumiñahui, 2003.

Garcilaso de la Vega, Inca, *Comentarios reales de los Incas,* Caracas, Biblioteca Ayacucho, 1985.

González Holguín, Diego, *Vocabulario de la lengua general de todo el Perú llamado lengua qquichua o del Inca*, Lima, Universidad Nacional Mayor de San Marcos, 1989.

Graulich, Michel, *Moctezuma: Apogeo y caída del imperio azteca,* México, Ediciones Era, 2014.

Guaman Poma de Ayala, Phelipe, *El Primer Nueva Corónica y Buen Gobierno,* tomos I y II, John V. Murra y Rolena Adorno (editores), México, Siglo XXI, 1980.

Hayashida M., Francis y Natalia Guzmán, «Leyendo el registro material del gobierno inca. Estilo, política e imperio en la costa norte del Perú», *El imperio Inca,* Izumi Shimada (editor), Lima, Pontificia Universidad Católica del Perú, 2015.

Hyland, Sabine, *The Quito Manuscript: An Inca History preserved by Fernando de Montesisnos*, New Haven, Connecticut, Yale University Publications in Anthropology, 2007.

Lira A., Jorge y Mario Mejía Huamán, *Diccionario quechua-castellano, castellano quechua,* Lima, Universidad Ricardo Palma, 2008.

Martínez, José Luis, *Hernán Cortés,* México, UNAM, 2003.

Matos Moctezuma, Eduardo y Luis Millones, *Mexicas e incas. Estudio comparado de los gobernantes de Mesoamérica y los Andes,* Yolanda Carlessi (editora), Lima, 2016.

Mena de, Cristóbal, *La conquista del Perú,* Raúl Porras Barrenechea (editor), Lima, Leónidas Cevallos, Biblioteca Abraham Valdelomar, 2014.

Meyers, Albert, *Die Inka in Ekuador, Untersuchungen anhand iherer materiellen Hinterlassenschaft*, BAS 6, Bonn, 1976.

Millones, Luis, «Relación de las cosas que yo alcanzo (Comentarios a la crónica de los agustinos en Huamachuco)», *Márgenes*, año V, núm. 9, Sur, Casa de Estudios del Socialismo. Lima, pp.141-167, 1992.

—, *Actores de altura. Ensayos sobre el teatro popular andino.* Lima, Editorial Horizonte, 1992.

— (editor), *Taki Onqoy: de la enfermedad del canto a la epidemia,* Santiago de Chile, Centro de Investigaciones Diego Barros Arana, 2007.

—, «La mirada de los conquistadores», *El oráculo en el horizonte marino del sol poniente,* Denise Pozzi-Escot (compiladora), Banco de Crédito del Perú, 2017.

Millones, Luis, Renata Mayer y Elim Aguirre, *El regreso de los tallanes,* Navarra, EUNSA, 2021.

Millones, Luis y Silvia Limón, *La caída de los imperios. En busca de una perspectiva indígena,* Lima, FCE, Petroperú, CIALC, Universidad Nacional Mayor de San Marcos, 2022.

Molina de, Cristóbal, *Relación de las fábulas y ritos de los incas,* Paloma Jiménez del Campo (editora), transcripción de Paloma Cuenca Muñoz, coordinación de Esperanza López Parada, Madrid, Vervuert-Iberoamericana, 2010.

Montesinos de, Fernando, *Memorias antiguas historiales y políticas del Perú,* Cusco, Editorial H. G. Rosas, 1957.

Moreno Yánez, Segundo, *Pichincha: monografía histórica de la región nuclear ecuatoriana,* Quito, Concejo Provincial de Pichincha, 1981.

Murúa de, Martín, *Historia general del Perú,* Madrid, Instituto Gonzalo Fernández de Oviedo, 1962.

Olivier, Guilhem, «Tetzáhuitl: los presagios de la conquista de México», *Arqueología Mexicana,* Edición especial núm. 89, diciembre de 2019.

Oviedo Fernández de, Gonzalo, *Sumario de la natural historia de las Indias*, estudio edición y notas de Álvaro Baraibar, Madrid, Iberoamericana y Universidad de Navarra, 2010.

Pachacuti Yamqui Salcamaygua, Joan de Santa Cruz, *Relación de antigüedades deste reyno del Perú,* Cusco, IFEA y Centro de Estudios Regionales Andinos Bartolomé de las Casas, 1993.

Pärssinen, Martti, «Collasuyu el Estado Inca», *El Imperio inka,* Shimada Izumi (editor), Fondo Editorial de la Pontificia Universidad Católica del Perú, 2015.

Patterson C., Thomas, *The Inca Empire, The Formation and Disintegration of a Pre-Capitalistic State,* Nueva York/Oxford, Berg, 1992.

Pizarro, Pedro, *Relación del descubrimiento y conquista de los reinos del Perú,* Guillermo Lohman Villena (editor), Lima, Pontificia Universidad Católica del Perú, 1978.

Ramírez, Susan Elizabeth, *In praise of the ancestors. Names, Identity and Memory in Africa and the Americas,* Lincoln, University of Nebraska Press, 2022.

Rowe Howland, John, «La fecha de la muerte de Wayna Qhapaq», Universidad de California-Berkeley, *Histórica,* vol. II, núm. 1, julio 1978.

Sahagún de, Bernardino, *Historia general de las cosas de Nueva España*, México, Cien de México, tomo II, 2000.

Sarmiento de Gamboa, Pedro, *Historia de los inkas,* estudio preliminar y notas de Ángel Amílcar Alberto Manzo, La Plata, Yáhuar Grupo Editor, 2012.

Schjellerup R., Inge, *Incas y españoles en la conquista de los Chachapoyas,* Lima, IFEA y PUCP, 2005.

Topic R., John y Theresa Lange Topic, *En la tierra del oráculo de Catequil. Arqueología de Huamachuco antiguo,* Lima, PUCP, Trent University, Institute of Andean Research, 2020.

Xerez de, Francisco, *Verdadera relación de la conquista del Perú,* Madrid, Historia 16, 1985.

Zárate de, Agustín, *Historia del descubrimiento y conquista de las Prouincias del Perú,* Sevilla, 1577, versión digital del ejemplar de la Biblioteca de la Universidad de Salamanca, USAL BG/30880.

ATAHUALPA

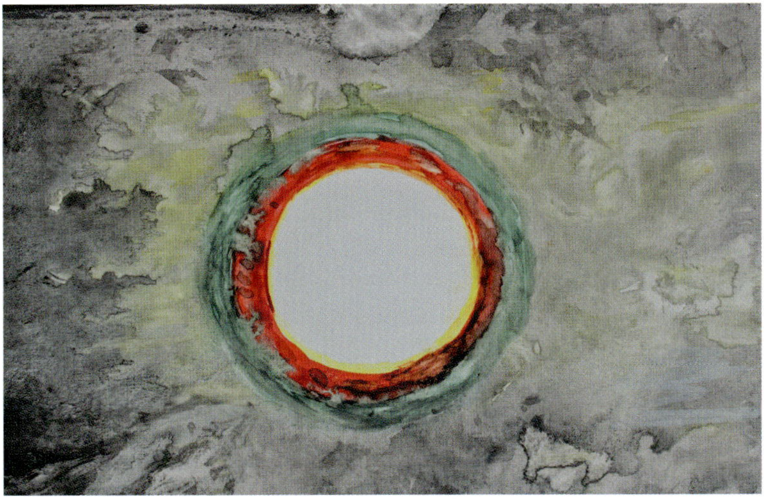

1. Imagen de las caras de la Luna que aparecen como presagio del fin del Tawantinsuyu (Inca Garcilaso de la Vega, *Comentarios reales de los Incas*, 1985, vol. II, p. 236). Dibujo de Renata Mayer.

2. Imagen del águila atacada por halcones que combaten en el cielo del Cusco, como presagio del fin del Tawantinsuyu (Inca Garcilaso de la Vega, *Comentarios reales de los Incas*, 1985, vol. II, pp. 238 y 239). Dibujo de Renata Mayer.

3. Dibujo de Huayna Cápac y del edificio construido en Tomebamba (Martín de Murúa, *Historia general del Perú*, facsímil, J. Paul Getty Museum).

4. Dibujo de Rahua Ocllo, esposa de Huayna Cápac, madre del Inca Huáscar (Martín de Murúa, *Historia general del Perú*, facsímil, J. Paul Getty Museum).

5. Dibujo de Huáscar en su anda, cargado por sus servidores (Martín de Murúa, *Historia general del Perú*, facsímil, J. Paul Getty Museum).

6. Vista aérea del santuario oracular de Pachacamac, al que acudían fieles de todas partes de los Andes. De acuerdo con las crónicas españolas, su relación con el Cusco se inicia desde el gobierno de Tupac Yupanqui, pero sus fallidos presagios le acarrearon el desprecio del Inca Atahualpa, que autorizó a Pizarro para que el santuario fuera saqueado por los conquistadores. Fotografía de Evelyn Merino.

7. Vista aérea del complejo arqueológico de Raqchi. Se encuentra en la comunidad de Raqchi, distrito de San Pedro, provincia de Canchis, departamento de Cusco. Es notorio por el templo dedicado al dios Wiraqocha, que de acuerdo con la mayoría de los cronistas españoles es el creador de la humanidad. Fotografía de Yutaka Yoshii.

8. Vista de la llamada «fortaleza» de Sacsayhuaman, nombre que puede traducirse como: «lugar donde se sacia el halcón». Se encuentra a dos kilómetros de la Plaza de Armas de Cusco. En realidad, se trata del centro ceremonial más extenso del Tawantinsuyu (3 000 hectáreas) construido con muros de piedra que alcanzan las 120 toneladas. Sirvió de área de combate a las tropas de Manco Inca, cuando se sublevó contra el poder colonial, antes de tratar de reconstruir su poder en Vilcabamba.

9. Vista del sitio arqueológico de Ingapirca, ubicado en la provincia de Cañar, cantón Azogues, parroquia de Ingapirca, República de Ecuador. Consta de varias edificaciones de piedra labrada, que siguen el estilo incaico sobre antiguos asentamientos cañaris. Fotografía e información de Enrique Aguilar.

10. Otra vista de Ingapirca, que se encuentra a una altitud de 3 160 msnm. Fotografía de Enrique Aguilar.

11. El encuentro y captura del Inca en Cajamarca. Aparecen Pizarro, Valverde y Atahualpa en este dibujo de Phelipe Guamán Poma de Ayala.

12. El «comandante general» de las tropas de Atahualpa en un dibujo de Phelipe Guamán Poma de Ayala.

13. El jefe militar de las tropas de Atahualpa, calificado como «traidor» por el asesinato de Illescas o Cuxi Yupanqui. Dibujo de Phelipe Guamán Poma de Ayala.

14. Muerte del Inca Atahualpa. Cuadro colonial que se encuentra en el Museo del Inka en el Cusco, de autor desconocido. La pintura es una obra ambiciosa que intenta ofrecernos todos los personajes que intervienen a lo largo del proceso de captura, prisión y muerte de Atahualpa. Desde los familiares del Inca hasta los españoles que participaron de diferentes formas para construir la historia de este suceso. En el centro del cuadro está el verdugo y el R. P. Vicente de Valverde acompaña la degollación del Inca. Sabemos que la ejecución no fue realizada de esta forma, pero por largo tiempo se divulgó de esa manera.

Índice